八紘一宇が日本を救う

有馬光正

元就出版社

「八紘一宇」とは、初代神武天皇が建国の詔《みことのり》の中に謳われた、世界中が一つ屋根の下に、という世界平和の精神を掲げた言葉。占領軍は、日本人の活力の源と見做して使用禁止にした。

はじめに

昨年末、平成二十五年の年末も押し迫った頃、安倍総理大臣が靖国神社を参拝しました。例によって中国、韓国が一斉に反発しました。今回は米国も節介焼きさながら「失望した」と声明を出した、と報道されました。心ある国民は、この内政干渉に怒りを露わにしました。靖国神社は日本人の心のふるさとです。国のために命を捧げた人々を祀る神社です。

そこへ日本の総理大臣が参拝するのは、当たり前のことです。それを外国が難癖をつけるとは、国際慣行に反する無礼千万な振舞いだと言えます。これを我々日本人は決して看過してはいけません。中国などが騒ぐから、経済に影響するから、等々と理屈をつけて首相の参拝を止めるようにとの発言が、政治家からも、一般からも少なからず聞こえるのは、まことに不謹慎なことです。不当な抗議をする中国などに配慮して日本の伝統文化を疎《おろそ》かにせよ、と言っているのと同じです。

日本の尊厳を傷つけてまで、日中友好を大事にするのか、中国が怖くて靖国神社を参拝もできない政治家たちに聞きたい。中国がどう考えようと自由ですが、我々日本人は、崇敬する英霊に参拝するだけです。これは我々日本人の文化であり、伝統であるのです。それに中国から文句をつけられる筋合いはまったくありません。日本の政治家は堂々と毎月でも、公式に靖国神社を参拝すればいいのです。中国が何を言おうが一切耳を貸さず、参拝すれば、そのうち向こうも馬鹿らしくなって何も言わなくなります。中国が問題にしていることは、それほど愚かなことなのです。

日中友好条約が結ばれた四十年前から、中国の日本に対する内政干渉が始まったのです。条約を遵守《じゅんしゅ》できない国と友好関係を結ぶのは国益に反します。この条約以前は、日中関係は何の問題もなかったのです。

確かに中国は、日本が侵略戦争をして中国人を虐殺したなどと非難してきました。先日、幾人かの六十歳代の良識ある人たちが、日本は韓国や中国を侵略して悪いことをしたと話しているのを聞いて、日本が戦後、誤った歴史しか国民に教えてこなかった占領軍の刷り込みの根深さを感じます。

中国や韓国に悪いことをしたというその刷り込みのせいで、靖国神社と軍国主義を結びつける中国の戦略に乗せられてしまうのです。いつまでもこんな卑屈な歴史観を持つのでは、我々の子供や孫たちが、正々堂々と国際社会で活躍する妨げになります。

戦後の日本は、極東軍事裁判（東京裁判）という名の国際法違反の、マッカーサーの戦勝国が敗戦国を裁く私的なリンチで、悪者にされてきました。戦後七十年経とうとする現在においても、それが日本社会を毒しています。

日本の国民の間違った迷妄を払拭し、子供たちが日本の歴史に誇りを持てる正しい先人の足跡を学ぶための糧になるような教育をするのが、大人の責務です。

ここでは靖国神社と慰安婦に関してはあえて触れません。靖国神社参拝は完全に内政問題であり、慰安婦の問題は捏造であり、両者とも、日本政府が毅然たる態度を取ってきたならば、まったく問題にならなかったことであるからです。また志の高い人々がこれらの問題に関して、多くの良書を書いておられるので是非参照していただきたい。

本書の目的は、日本人は誇るべき民族であることを自覚すること、国際社会とはいかに理不尽なものであるかを知ること、日本人として今何をなすべきか、を知ること、その三点です。

海外に長く生活して帰国した人が言う言葉にある共通性があります。それは、日本人はおかしい、というのです。久しぶりに日本の社会に戻った時に感ずる、いわば違和感です。

海外で様々な人種の民族に混じった時、どこの国の人間か、言うならば国籍がすぐには分からない人間がいるが、後で聞くと日本人だったことがよくあった、とも聞いたことがあります。

海外で生活する日本人が、日本人であることを主張することが少ないからではないだろうか。いくら英語を自由に駆使しても、日本の歴史と文化の素養が生半可では、当然ながら話す内容は空虚なものになる。その結果、国籍の不明瞭な人間が出てくるのです。

本書は、我々日本人が知らない日本が山ほどある、という一市井人の自戒の書です。そして、みんなで日本を知ろう、日本人よ、日本を学ぼう！

そのきっかけにしようというのが本書です。

八紘一宇が日本を救う——目次

第二章――マスコミよ、恥を知れ！ 65

第一章――教育は強制である

中国が怖くて靖国神社に参拝できない政治家、小学一年生に電卓を使わせるという教育審議会、嫡子も非嫡子も相続分は同じという裁判官、活断層の公開調査で基礎コンクリートの破片を活断層の証拠だといった地質学の大学教授等々、政治でも教育界、司法の世界、科学の世界でも、これら有識者とか専門家と世に言われる人々も、必ずしも正しいとは限らない、と言いたいのである。

たとえば、小学一年生に電卓を与えよ、などとは、我々一般庶民でも冗談ではない、そんなことをしたら子供たちの計算脳が発達しないと思う。

ところが、教育審議会の先生方が三十人中一人を残して、ほぼ全員が賛成だというのである。電卓でも活断層でも、我々庶民の感覚の方が正しいことがあるのだ。

有識者と呼ばれる人の知見は当然ながら尊重されるが、一方において専門家は専門領域に精通していても、大局的に見ることができないために判断を誤ることがある。いわば、「木を見て森を見ず」の類である。こんな分かりきったことではなく、要は専門家、有識者と言われる人の見解を頭から信ずるな、と言いたいのである。

すなわち、テレビや新聞の報道も、まず疑え、世論調査の結果など頭から信ずるな、と言いたいのだ。世論調査は、想定した結論に導くための誘導質問もあるのだ。ついでに言えば、民主主義は多数決の論理の上に成り立つから、民主主義も信じるな、と言いたい。自らの力でたくさんの資料を漁り、その上で自らの判断力を信じよ。

政治家も裁判官も戦後の日教組の教育に毒されたまま、自分の頭で考えようともせず、そのまま年を食ってしまった人間が多い。だから祖国愛に命を捧げた先人の想いを察することさえできず、己が拠って来たる国の伝統・文化を愛することさえもできないのだ。一般庶民の声なき声を聞け、歴史と伝統を連綿と造ってきた社会の土台の人々の声を聞け！

専門家・有識者の落とし穴——小学一年生に電卓を与える教育審議会——

平成十八年に遡《さかのぼ》るが、月刊誌『致知』十月号に「深まる教育危機をどう立て直すか」と題する対談が掲載されている。この中で次のような事実を知り、愕然とした。

東北大学総長や岩手県立大学学長などを歴任された西澤潤一氏の話では、以前、文部省

（当時）から理科算数の審議会委員を依頼された。その審議会で小学一年生から算数の計算に電卓を使うことにした、という。委員三十人のうち西沢氏以外の二十九人がそれに賛成したというのである。まさか、冗談だろう！　というのが率直な感想である。

これが専門家の見解として世の中にまかり通るのか。

今の文科省の教育に対する考え方はその程度だというのである。この種の審議会や諮問委員会の委員の人選はよく問題になるが、本旨から離れるのでそれには触れない。

ここで平成二十五年には、非嫡子の相続分を嫡子と同等に認める裁判で、十四人判事全員が賛成であったことを思い起こす。司法の世界も教育界もどこか狂っているのである。

加減乗除算も分からないうちから、電卓を使わせたらどうなるか。これでは、脳に数値概念が形成されず、子供たちの学力が低下して当たり前の話である。一九七〇年代から八〇年代にかけて、アメリカとイギリスにおいて相前後して教育が荒廃し、「国家の危機」と認識した当時のリーガン大統領、サッチャー首相が教育の大改革を敢行した結果、両国の教育は、見事に再生した。

アメリカなどは、当時の日本の国民の学力の高さと道徳規律の高さゆえに、日本の教育に学べ、と各種の教育視察団を日本に送り込んだほどだ。

ところが、その日本の教育界が二、三十年前の米国・英国の教育界の惨状、あるいはそれ以下の状態になっている。まさに「国家の危機」である。第一次安倍内閣は官邸内に、教育再生会議を立ち上げた。小学一年生から電卓を使わせるような、官僚主導の教育審議会を監督する立場が必要である。

「楽をしてより多くの成果をより早く」という現代の便利さ一辺倒の嗜好が教育界にはびこれば、内容のない表面的な成果だけを追い求める人間が多くなる。空恐ろしいことである。こつこつと地道に基本を繰り返し身につけることを、文化人と呼ばれる人々は殊更、精神主義として排斥しがちだが、基本の重要さは不変である。

武道の世界にも、古来より「守・破・離」ということが言われている。その「守」である基本を充分に身につけずには、次の「破」には進めない。「離」の境地に至って始めて自由奔放な世界が開ける。能の世界で「序破急」と呼ばれる時間的な法則も同じではないか。

昨今問題視されている、分数の計算ができない大学生がいるという現状は、教育界で基本がいかに疎かにされているかの証左である。

インドでは九九《くく》の掛け算を一九×一九まで暗算させており、中国もそれを普及させるという。報道されたように、公立学校教員の指導力不足と認定された割合が五〇〇人以上、二〇〇〇人に一人と、ここ数年来増加している。それも中堅ベテラン教育者ともいうべき四十代、五十代が八割を占めるという現状は、何を意味するのか。

この報道の前日には、国旗・国歌強制は違憲とする東京地裁の判決が下された。公立高校の教職員四〇〇人が、都教育委員会の処分を不服として訴訟を起こしていた裁判である。都教育委員会の通達も校長の職務命令も、遵守義務はないとするこの判決は、法治国家として恥ずべき判断である。

この種の、子供たちに悪影響を与える教員も、当然ながら各教育委員会の判定委員会は、指導力不足教員として認定すべきである。「地道で労苦の伴う基本を充分に身につける教育方針」と、「教員の質の向上」を二本柱にした教育の再生が、今の日本にとって焦眉の課題である。

数年前の滋賀県大津市の高校生の自殺など、毎年のように繰り返されるいじめと自殺の哀しい事故、当時の二件の事故では、北海道で小学生が自殺して遺書を残したが、滝川市教育委員会が、一年以上それを隠していた件、および九州では、中学生が自殺した背景には、教師が心ない発言を生徒にしていた等々、学校当局も教育委員会もまったく無力な現状であり、専門家と言われる、教育現場の第一線に関わる立場の人間がそんな情況なのである。ますます、日本の教育界は腐っていることを認識する。

平成二十六年四月の話である。埼玉県の県立高校の入学式に一年生の担任の女性教師が欠席し、自分の子供の高校生の入学式に出席した。要するに、職場の入学式よりも自分の子供の入学式を優先したのである。

その教師は、あらかじめ校長に許可を得ていたというから、さらに驚く。埼玉県教育組合の書記長は、家庭を大事にすることは、よいことだ、とコメントしていて、まったく唖然とした。

これが、教育界の現状である。こんな教師や校長がいる学校に我が子を託したいと思う親がいるのだろうか。やはり、教育界は腐っていると思わざるをえない。

教育という立派な職務を持ちながら、個人的な理由でそれを放棄することが、公然と許される教育界であったら、危機的状況である。

教育は強制である――教育基本法改正案――

安倍第一次内閣での教育基本法改正案に対して、朝日新聞に代表される反日新聞は連日反対論を掲載した。「琉球新報」四月十四日付け朝刊の社説に、「愛国は強制するものではない」と教育基本法改正案に対して、日教組らしい発言が掲載されている。

こういう一見して、自由平等を重んずる民主主義者のような耳あたりの良いことばかりをマスコミがたきつけるから、日本の教育がおかしくなるのである。

「教育は強制から始まる」は当たり前のことである。愛国心も幼い頃から祖国を愛することを教えられて初めて育まれる。家族を愛し、地域を愛し、国を愛し、他人を愛することも教育の中で教えられねば、子供たちには身につかない。

例の社説は言う。

「六十年前の反省は忘れ去られたのだろうか。そもそも国を愛するのは、優れて個人の内面の領域の問題だ。国が強制するのはおかしい」と。

国を愛するのは、個人の心の問題であろうか。

「この身あるは親があり、家があるからであり、親があり、家があるは国があるからであり、国があるは国の歴史があり、国の精神があるからである」

とは西田幾多郎と並び称された、明治の哲人、西晋一郎の言葉である。国があってこそ、自分があるのである。子供が親を愛する、また、親が子供を愛するのも個人の心の問題だ、とこの社説は言っているのと同じである。

親孝行という徳も、幼い頃から寺子屋で学んだ子供たちには、身についている。今の子供たちは、学校でも親孝行の大切さを教えられないから、親を傷つけたり、殺したりする。「仰げば尊し」のように師を尊敬する心を学校で教えられないから、教師に暴行を働く生徒が増える。親を大事にする心、師を敬う心、それは理屈ではない。

女学生の援助交際がなぜいけないのか？　と聞かれて返答できない大人が多いという。理屈ではない。問答無用、駄目なことは駄目なのだ。人間としてやってはいけないことは、やってはいけないのだ、というそういう教育をしないと、教育が成り立たない。

親を大事にする、教師を敬う、金と引き換えに自分の身を売ることは恥ずべきことだ等々、そういうことに理屈はいらない。人間として当たり前のことであるから、そうするのである。

それが教育であり、強制して始めて成立するものである。

国を愛する心も同じである。日本人なら日本を、文化を、伝統を、愛するのは当たり前のことだから、である。国があって自分がある。親がいてくれてこそ自分があるのである。それが理解できない教師は、日本の将来を危うくする存在である。

『諸君』五月号の藤原正彦氏と曽野綾子さんの対談の中で、藤原氏が「子供の個性尊重という昨今の教育方針は、わがままの言い換えに過ぎない。子供の個性は踏みにじれ、というのが私の立場なのです」と述べている。

強制するな、とか自由を尊重せよ、などというのは、大抵の場合、子供のわがままを認めようとする言い訳に過ぎない。

前述の西晋一郎の言葉に関連して、祖国のない悲哀を感じた、ある日本人のフランスからの便りを紹介する（団体の機関紙「明日への選択」八月号より）。

『私はこちらで仏語の成人講座に通いました。生徒はチェチェンやコソボからの難民やアラブ人がほとんどでした。普通の語学学校へ行っていたら会うことのできない人たちです。そうした難民と接すると、国が潰れるということ、国力がないということは、どれほど悲惨なことか、と考えさせられます。

日本が潰れたら海外に逃げればいいと安易に考えている人も多いようですが、難民にはどこも厳しい。寛大なフランスでさえ、最近は外国人受け入れに厳しくなっています。（中略）

対馬にやってくる韓国人観光客のマナーがどんなに悪いかというニュースをネットで見ましたが、これで思い出したことがあります。

例の外国人向け仏語教室で、私が「こちらでは大人でもスーパーでお金を払う前に食べたりしている。マナーが悪い」といったところ、そこにいたスペイン人、アラブ人、ロシア人などが「それのどこが悪い？」と集中砲火を浴びせたのです。私の友人も教室で「道でお金を拾ったらどうするか？」という質問に、「警察に届ける」と答えたら、「ナイーブ過ぎる」「バカだ」「どうして警察が信用できる？」と、これまた集中砲火。要するに、世界の常識で言えば、日本人的思考は少数派なのです。

世界規模での関わりを避けることができない今日の国際状況において、対外交渉に関わる人間は、意識的によほど訓練しないと、日本人には無理があるのでは、と素人ながら思ってしまいます。（後略）』

祖国のない人々の苦しみが分からない人間には、国家のありがたさが分からない。

愛国心と祖国愛——強制は当たり前——

五月一日付け「琉球新報」の「月めくり日本国憲法」版に、「愛国心強制は反民主主義」と題する教科書ネット事務局長のコラム欄がある。前節でも新報の社説を論評したが、新報はよほどこの「愛国心は強制できない」、ということを県民に押し付けたい様子である。

そして、ここでもそれに反論し、「愛国心は強制しないと育たない」ということを強調したい。欧米の学校でさえも毎朝左手を胸に当てて、国旗掲揚をする儀式が恒例となっている。それは教育としての強制である。米国のように移民の子弟の集まりの国では、愛国心を醸成するために、教育の中で、国を愛する心を教えなければ、祖国愛や愛国心は育たない。程度の差こそあれ、日本も単一民族国家といわれても、在日韓国・朝鮮民族や少数民族の集合体の中で、日本国に忠誠を誓わずとも国籍が取得できる国籍法の下では、共同体を共有する意識や愛国心を教える必要がある。

先の「コラム」では、「国が本来行なうのは教育に立ち入ることではなく、教育環境の整備である。国を愛するかどうかは一人一人の問題で、心に行政や法律が介入してはならない。そもそも愛国心を法律で押し付けることが教育のあり方としておかしい。心の領域を国民に押し付けることは近代民主主義の原則に反する」と一見して至極当然のことのように響くが、よく考えればおかしいことに気が付く。人間はひとり一人独立してバラバラに生きているのではない。国家という枠組みの中で、国の保護の下にあり、他人のおかげさまで生かされているのが我々である。社会生活を円滑に営むためのルールが法律である。

共同体社会である「国」を愛する心を醸成しようと合意することがなぜいけないのか。近代民主主義というのは、欠陥だらけの制度であることを、まず認識し、決して金科玉条にしないことが、大事なことである。そして左翼は「心の領域」という言葉をよく引用するが、強制して教育しなければ「良い国民の心」は育たない。教育行政は国家が行なうものであるから、「心」に介入するのは当然のことである。

教育行政は国家に有益なる人材を育成することを旨とする。当たり前のことである。

ひとり一人の人間に、天性に備わっている徳はない。人徳は、教育によって、また日々の精進・修身の努力によって磨かれてゆくものである。

愛国心も同じである。

四書五経の一つ、「中庸」の冒頭の言葉に、『天の命、これを性といい、性に従う、これを道といい、道を修めること、これを教えという』がある。

これは「中庸」の全篇を貫いている精神である。この世に生きとし生けるものは天から性を賦与されている。天の命、すなわち天の意思が性に現われる。動物、植物すべて天からの意思を体し、動物性、植物性という性質を備えている。

人間も人間性という性質をある程度天から与えられているが、天の意思を敬うことにより、また「人の道」を学び続けることにより、「人間になれる」という後天性をもっていることが、動物、植物とは異なった、人間の特性である。「教え」を学び続けることで「人になれる」、すなわち、教育によって道を修めると古典も示している。

いわば、天然の理、自然の摂理を重んじた生き方、それが「性に従う、これを道という」

のであって、この観点からしても、昨今の、男女共同参画社会という概念は、まさに、「人の道」に外れているものである。

国旗と国歌

「琉球新報」二月五日付け夕刊の「南風」コラム欄に、俳優の穂積隆信さんがデンマークでの光景を描写している。

「泊めてもらった農家で、丁度その日おじいさんの誕生日で、息子夫婦や孫たちが一緒に祝っていた。食事の前におじいさんの号令で、庭先のポールに高々と国旗が掲揚され、国歌が歌われた。その光景に感動した、というのである。その理由を問うと、おじいさんはなぜそんなことを聞くのかというように、『自分がこうして幸せに生活できるのも国のお陰である。せめて誕生日くらいは感謝の気持を表し、子供たちにそれを伝えるのが自分の務めだ』と答えた。

国を愛するということは、国が命ずるのではなく、その国に生まれた恩恵をその国の民が思うことから始まるのだ。『美しい国』『君が代』の言葉を聞くたびに、このデンマークの農家でのことを思い出す」と締めくくっている。

琉球新報の意図は明らかである。愛国心は国が命じなくとも、自然に生まれるという意味に解釈したから、この記事を掲載したのだろう。編集者の意図はどうあれ、このおじいさんが、「子供たちにそれを伝えるのが自分の務めだ」というこの点が重要なのである。国に感謝の意を表明する行為を伝えてゆくということは、国を愛することを教える、ということと同義なのである。

逆に言えば、おじいさんが伝えていかなければ、そういう（その国に生まれた恩恵を思う）心は子供たちに伝わらない。そこに、国旗と国歌を愛することを教育で教える意義があるのだ。

ここでも、前述した「この身あるは親があり、家があるからであり、親があり、家があるは国があるからであり、国があるは国の歴史があり、国の精神があるからである」という西晋一郎の名言が思い起こされる。

国語を犠牲にする英語教育に異議あり——真の国際人とは——

数年前から小学校の授業に英語が導入された。ある調査では、国民の八十六パーセントが小学校への英語の授業を希望していたという。情報通信技術の目覚ましい発展により、世界は一段と狭くなり、外国語を習得する利点も多い。

子供たちも年少の頃から英語教育を受ければ上達が早かろうとか、保護者は考える。大学入試センター研究開発部の教授が帰国子女の英語力の推移を調査した結果によると、彼らは帰国後、英語力を保つために週二時間の英語力保持教室に通ったが、小学校の段階では三カ月も経つと、ほとんど英語力を失ってしまう。一度習得したものでさえ、週二時間では不充分だとすると、新しく学ぶのに週二時間で、どれだけの効果が期待できるだろうか。

私事にわたって恐縮だが、私の二人の子供たちは、言語習得に重要な時期である二歳から八歳の間、ボルネオ島に滞在し、環境上、現地の幼稚園、小学校に通わざるを得なかった。学校での主要言語は英語のため家庭で両親と話す日本語より英語の習得が早く、二人で遊ぶ時でさえ、英語で意思の疎通をする有様であった。帰国後、日本語が不充分のまま小学校に編入し、数カ月ですっかり英語は忘れてしまった。

一方、日本語の理解が遅く、算数の応用問題の内容が理解できずに四苦八苦の状態が続いた。国語は日本人にとってすべての科目を学ぶ基礎であることを痛感させられた。

算数も理科も国語を用いて教えられる。小学校での国語を始めとする主要科目の習得の重要さは英語の比ではない。まず母国語としての日本語を確実に定着させることが重要で、その上で母国語と対比して、外国語を習得することがより効果的ではなかろうか。H・G・フランクという教育学者が、外国語の学習時間と言語能力の発達との相関関係を調査した結果、この学習曲線は学習を早く始めても曲線の形状は変わらず、時間に沿って平行移動しただけである。

すなわち、外国語に関する限り、早く始めるほど効果が大きいということにはならない。中学校での英語を週四、五時間にして、小学校では国語に集中した方が、より総合的な力を伸ばせることになる。それでもまだ、子供が幼時から英語教育をする動機のある親は課外の塾に通えばいいし、価値観の異なる子供たちの基礎的国語力を犠牲にしてまで、早期の義務教育に英語を導入する必要はないと思う。

付け加えるならば、小・中学生の時期に、国語と日本の歴史を充分に教えることによって、真の国際的な日本人を育成することができる。

新渡戸稲造氏を見よ。「武士道」を国際的にならしめた氏の著書は、日本の歴史・文化に通暁せずしてなしうるものではない。真の国際人である前に、まず日本の歴史と文化を身につけた日本人であることだ。国籍なき国際人はあり得ない。

英語教育に先立つものは何か――祖国の歴史こそ重要――

最近、英語教育の見直しが求められ、小学校に英会話を中心にした英語教育が導入され始めた。幼い子供たちを英語の塾に通わせる親もいる。国際社会における英語は、世界の共通語としての地位を確立しつつある現在、英語を話せることは有利な場面が多いだろう。

ある日本人留学生が米国で集会に参加した時に、話が真珠湾攻撃に及び、日本人は宣戦布告もせずに奇襲攻撃をかける卑怯な民族だ、ということから、その留学生が日本人としての意見を求められた。しかし、彼は日本の歴史の知識がほとんどなかったために答えられず、同行したアジア人の友人が代わりに立って、「宣戦布告の通達は、大使館の不手際で一時間ほど遅れたのは確かだ。しかし、米国はそれよりも遥か以前から中国大陸で、日本に対して敵対行為をしていたではないか。あなたたち米国人は民間人の無差別爆撃や広島、長崎での原爆投下など国際法に違反した非人道的な行為をしていながら、日本人を責める資格があるのか」と堂々と反論した。その日本人留学生は英語が流暢ではあったが、祖国の歴史に無知であったために反論ができなかったのだ。

日本の歴史を知っていれば英語など知らなくとも、堂々と日本語で反論すれば、この種の屈辱は免れ得たはずだ。それを考えれば、英語を話す以前に日本人として、まず重要なことは日本の歴史、文化を正しく学び、堂々と外国人に説明できることである。

英語ができなければ日本語で反論すればよい。国際人とは、外国語を話せることではない。自国の文化・伝統を、自国の言葉であっても相手に主張できることであることを、忘れてはいけない。

国際化教育とはまず、日本の歴史、文化、伝統を正しく身につけ、国際社会に主張することから始まる。日本の今の英語教育論議からは、その視点が欠落している。

先日、楽天の田中将大投手が大リーグ入りに関する記者会見の席上、私は英語ができないから、(ファンには)自分の投球(プレイ)で納得してもらうという内容の話をしたが、プロの選手はそれでいいのだ。さわやかな印象が残った。

問題となるのが学校での歴史教育だが、高校の社会科では数年前、未履修の学校があった問題の「世界史」が必修科目であり、日本史は地理と共に選択科目になっていることがおかしい。

国語と日本の歴史を学ぶことが、日本人として基本的なことである。「子供たちに正しい歴史を」と叫びながら、自国の歴史は選択科目になっていることを知らないとは、情けない話だ。

現状では、世界史と地理を選択すると、日本史を学ばなくてもいい、ことになる。そして、日本史を知らない日本人? が出来上がる。それでも、「革命があった」という記述を復活させることの方が大事なのか?

このような支離滅裂というか、本末転倒というような視点で、政治的策謀によるマスコミの煽動に躍らされている人々が多いのは嘆かわしいことだ。日本史より世界史を優先させようとする役人の考え方は、国語を学ぶ前に、幼児のうちから、英語を叩き込もうとする、西洋かぶれを作る発想と同類である。

自国の歴史よりも世界史を優先するような国は他に例がない、日本くらいであろう。日本の誇るべき伝統と歴史を自信を持って子供たちに継承してゆこうという気概を、政府は持たねばならない。

民族の言語、日本語を守れ――国の伝統は言葉から――

新生日本の明治政府初代文部大臣の森有礼は、英語を公用語にしようとした。当時の後発国日本は、鹿鳴館時代に象徴されるように、西洋諸国に追いつけ、追い越せと政府が励んだ政策の一端ではあろうが、文部大臣の立場にある人間の発言としては、あまりにお粗末ではないか。

驚くことに最近でさえも、民間研究団体が数年前、沖縄県に提出した沖縄自立経済のための、提案書の内容の一つに英語の公用語化がある。西洋列強諸国の旧植民地の多くの国々では、宗主国の母国語を公用語としていまだに使用している。それは長い間の植民地時代に確立された宗主国の制度、文化が宗主国の言語と切り離せなくなっているからであろう。

だからこそ、旧植民地の人々は外国語に堪能である。英語を公用語にすれば県民も英語が流暢になり、外国企業の投資も増えるという想定を正とすれば、負の効果によってもたらされるものは何か。今の何倍も英語教育に重点をおき、国語教育がおろそかになる。大人の場合はもっと悲惨である。公文書も報道もすべて英語という事態を想像しただけで寒けがするのは私一人ではあるまい。最も致命的なことは、国家の独自性、文化、伝統が衰退し、破壊される恐れがある。

ただでさえ日本語の乱れが問題になっている。文化豊かな方言を守り、美しい日本語を守ることが先決問題ではなかろうか。

英語を知っていても、フランス語以外話さない仏人の頑固さに学ぶべきではないか。三十数年前に西アフリカの象牙海岸（あえて日本語で書く）のアビジャン空港で乗り継ぎのために一夜過ごしたことがあるが、フランスの植民地であったこの国はまだ公用語がフランス語で、食堂のメニューも、話す言葉もフランス語で、一切英語は受け付けてもらえず四苦八苦した経験がある。

そのくらい、フランスは自国の言葉に誇りを持ち、頑固である。片や立派な日本語が存在するにもかかわらず、中途半端な英単語を得意げに使う日本の政治家や文化人とは正反対である。アジアやアフリカで現地の人々が得意げに英語や仏語を自在に駆使することに、我々は劣等感を抱く必要はない。長年の植民地行政が宗主国の言語と切っても切り離せない政治体制を、作ってしまった結果なのである。

●国語は祖国だ

数学者の藤原正彦お茶の水女子大教授に『祖国とは国語』という著書があるが、その中で、この言葉はあるフランス人の言葉だと紹介している。国語は祖国の文化の基盤である。その国語を外国語にしようという発想が理解できない。

ウクライナ情勢を巡って、ロシアが軍事介入しようとしたり、欧米が国際法違反だと非難したり、ウクライナ国内は親ロシア派と親西洋派との間で国民は揺れ動いているが、ウクライナ人の「アイデンティティ」（国の独自性）とは何だろうか、と不思議に感ずる。

ロシア語を話しながらウクライナ人であるということと、「祖国とは国語」であるということとは矛盾する。日本で外国語を公用語にしようとする人たちは、日本人であるという「アイデンティティ」を持ち合わせていないのではないか。

明治初頭の琉球処分以降、大和言葉いわゆる共通語を浸透させるために、方言を話した子供は、方言札をつけさせられたという話はよく聞かされた。共通語普及政策で、沖縄の方言はかなりの程度失われたが、幸いにも沖縄では最近、方言を重視し復活する活動が盛んになっている。方言も沖縄文化の基盤である。

●英語教育への疑問

中央教育審議会の答申に基づいて、小学校に英語を必修科目として導入された。私見では、英語教育は中学生になってからで充分であるが、小学校から導入したのは中教審の有識者といわれる人々や、東大出の文科省の役人が考えたことであろう。

彼らの論理は、「日本は外交が下手である、だから国際人を輩出せねばならない、国際人とは、まず英語を話せねばならない」という、もっともらしい三段論法に基づいている。国際人としての英語や英語を話せるとカッコイイという皮相な考えのお母さん方に支持されている。しかし、この論法は間違っているのである。

まず、「日本は外交が下手である」は、悲しいかな、これだけは正しい。

次の「だから国際人を輩出せねばならない」も疑問である。そして「国際人は英語を話さねばならない」は完全な間違いである。大事なことは人間の中身である。中身のない人間が、ベラベラと英語で中身のないことをしゃべっても、外国ではバカにされるだけである。そんな人間が、国際人などと言われるわけがない。おかしなことに、中教審の答申では、「国際理解を深める会話能力を育成する必要がある」ことを強調している。国際理解を深める能力は、日本人なら日本人としての歴史と伝統文化を理解し、身につけることが基本である。

会話能力というが、日本語をまともに表現できない人間が、英語の会話能力が得られると考えること自体、おかしいと感じないのだろうか。日本人は国語でものを考える。英国人は英語でものを考える。日本人でも最初は日本語でものを考え、それを英語に翻訳して英語を話すという過程を経る。それが、英語が上達すると英語でものを考えるようになる。

しかし、それは母国語でものを考える訓練を経た後だから、経験を通じてできるようになるのであって、最初から英語で教育されたら、子供たちは、日本人でなくして、無国籍人になってしまうのである。その点をしっかりと把握して語学教育をしないと、無国籍人や中途半端な親西洋人を造るだけになってしまう。

重要なことは、日本人としての中身を造る、そのための教育が、今の教育界に欠落している。それなくして、単なる道具に過ぎない英語を小学校の必須科目にすること自体、本末転倒というべきである。

「私はニュートンやアインシュタインのできなかった問題を、寝っころがって鼻くそをほじくりながら解いてしまう」と自らおっしゃる数学者、藤原正彦教授は、数学者でありながら、というか、あるからこそ、というべきか、国語の重要さを折にふれ説いておられる。

「祖国とは国語」とまで言っておられる。藤原教授が数年前著わした書『国家の品格』は、中西輝政京大教授の『日本人としてこれだけは知っておきたいこと』と共に日本を学ぶ好著である。

この書の中で藤原教授は、「若い時には、外国語の勉強に時間を浪費せずに名作、古典をたくさん読みなさい」と、ご自身の反省を込めて忠告しておられる。

最後に、この本の終章の数行を、是非ともここに引用したい。

――世界を救うのは日本人

日本は、金銭至上主義を何とも思わない野卑な国々とは、一線を画す必要があります。国家の品格をひたすら守ることです。経済的斜陽が一世紀続こうと孤高を保つべきです。たかが経済なのです。

大正末期から昭和の初めにかけて駐日フランス大使を務めた詩人のポール・クローデルは、大東亜戦争の帰趨のはっきりした昭和十八年に、パリでこう言いました。

「日本人は貧しい。しかし、高貴だ。世界で唯一つどうしても生き残って欲しい民族をあげるとしたら、それは日本人だ」

日本人一人一人が美しい情緒と形を身に付け、品格ある国家を保つことは、日本人として生まれた真の意味であり、人類への責務と思うのです。ここ四世紀間ほど世界を支配した欧米の教義は、ようやく破綻を見せ始めました。世界は途方に暮れています。時間はかかりますが、この世界を本格的に救えるのは、日本人しかいないと私は思うのです（以上引用）。


教育の荒廃が叫ばれる今、同じように、日本語の乱れが、世を覆っている。テレビをはじめとするマスコミの思慮のなさが、言葉の乱れに拍車をかけている。

特に若者、中学生・高校生以上の若い世代に、その風潮が強いが、さらに子供たちの使う悪い言葉を真似しているうちに慣れてしまった母親たちも少なくない。時々乗るバスの中で、女子高生たちの会話が耳に入るが、野卑な言葉遣いを聞くと、親の前でもこういう言葉遣いをするのだろうか、と疑う。もし、そうなら、親は注意しないのだろうか、と。

「言葉は、魂の叫びだ」とも言われる。

言葉を通じて、その人の考え方、人となり、さらに育った環境などが、反映される。言葉は、その人そのものである。共通語、方言に関係なく、美しい言葉は人の心に潤いを与えてくれる。

麗しい、妙齢のご婦人が、品のない言葉遣いをするのを聞くと、イメージの中の美しい像が音を立てて崩れ散るような、幻滅と寂しさを感ずることが少なくない。逆に身近な人たちが、上品に敬語を美しく話すのを耳にすると、心豊かに感じられ、その人の魅力が増してくる。

ここに国語教育の重要さがある。

品性のある言葉遣いが品格ある人間を造る。

●孔子とルソーの教育

論語の子路編に、「葉公、孔子に語りて曰く、吾が党に直窮なる者あり。その父、羊を盗む。而して、子、これを証せり。孔子曰く、わが党の直き者はこれに異なり。父はこのために隠し、子は父のために隠す。直きことその中にあり」とある。

その概意は、昔、葉公という領主が、我が国には、親が羊を盗んだら、その親を訴えるという、正直者の子がいる、と孔子に自慢した。

孔子は、我が国はそれとは違います。親が悪いことをすれば子はそれを隠し、子が悪いことをすれば、親がそれを庇《かば》って隠す、というのが、人の道にかなった行為と言えましょう。と答えた、という話である。

これは、歴史的に見ても人間世界で大きな問題を内包していて、大変興味深い。中国の文化大革命の時の紅衛兵たちの行動を思い起こせば、よく理解できる。彼らは、親が共産党是に反することをすれば、率先して、党に報告して、自分の親を売ったのである。

親を尊敬する前に、指導者を敬わねばならない、というのが共産党独裁国家の党是であり、北朝鮮も中国も、その点では変わらないはずである。だから、孔子様の時代よりも今の中国は進化しているのだろうか？

最近の報道によると、中国共産党が儒教政策を見直し、学校でも論語を教えるようになった、という。例の「一人っ子政策」以来、家庭で甘やかされて育った子供たちの素行の悪さに音を挙げた親たちが、教育に儒教を取り入れて欲しいと要請したからだ、という。さらに最近では、中華思想を推し進めるために、世界中に百三十か所以上の孔子学園を創っている。

家庭や教育を軽視する共産党と、儒教の徳治主義とは相容れるものではないから、早晩、中国の一党独裁体制は変更を余儀なくされるだろう。

筑波大学教授の中川八洋氏によると、フランス革命、ロシア革命、毛沢東政権、金日成政権、ポルポト政権……、これらすべての革命の原点を辿ってゆくと、独りの男に行き着く。十八世紀初頭のフランスの哲学者・思想家であるジャン・ジャック・ルソーである。平等主義を唱えた彼の思想は、フランス革命に大きな影響を与え、王権を否定し、ルイ十六世を断頭台に送ったのである。

ルソーの平等主義の基本は、「自然に還れ」「人間は生まれたままの状態がすばらしい。それが、純粋・無垢の赤ん坊に教育や知識を与えるから、社会は差別と矛盾に満ちるのだ」ということから、教育や文化を否定し、伝統など害悪であるから、そういうものをぶち壊せば、新しい平等社会が生まれるという、まさに「悪魔の思想」である。カンボジアのポルポト派の大虐殺に見られるように、知識人はどんどん虐殺されたのもその所以《ゆえん》である。

自由主義社会では、競争原理が働いた結果、働き者は豊かになり、怠惰なものは、貧しくなる。その結果、貧富の差が生じる。平等主義は、それがいけない、自分より豊かなものを許せない、それが原点である。

要するに、嫉妬心である。平等主義の原点が嫉妬心であり、ルソーの思想の原点である。それは、ルソーの生い立ちを見れば納得がいく。

ルソーは一七一二年、誕生後すぐ母親に死なれ、十歳の時、父親に棄てられた。家庭というものを知らず、正規の学校教育を受けなかったため、教育や家庭に対して、嫉妬心を抱くようになった。その後、バラン男爵夫人の庇護を受けながら教育を受け、子供を五人もうけたが、全員を棄ててしまった。そういう自分の生活がルソーの思想の背景としてあるのだ。だから、教育、家庭も伝統も否定し、平等を前面に押し出す。だから、共産主義、社会主義の革命には、大殺戮が伴う。中国やロシアの歴史を見れば明らかである。その結果、平等を標榜しながらできた社会は、独裁党の中央幹部だけが贅を尽くし、庶民は貧に甘んじる、という社会で、現在、世界のいくつかの国に見られる実態である。

しかし、今の世には、コア（核）としての「嫉妬心」の周りを美辞麗句の皮で固めた、このルソーの毒饅頭を喰わされた輩《やから》のなんと多いことか。家族や伝統にことごとく反対する政党もある。男女共同参画社会に血道を上げる人々も、嫉妬心がその源流に潜む被害者でなかろうか。

●素晴らしい教育

教育を否定するルソーとは対照的に、日本の江戸時代は貧しくとも寺子屋の教育が盛んであった。四月十二日付け「琉球新報」夕刊上のコラム欄には感心した。作者がある食堂へ昼食に行った時の話である。夫婦で昼食を済ませたところへ、若い夫婦が入ってきて会釈して隣の席に座った。

そこへトイレにでも行っていたのか、五歳くらいの男の子が両親の所に戻ってきた。すぐ座敷には上がらず、両親の履物を揃えて外向けに並べ替え、そして自分の靴を脱ぐと親の履物と並べて置き、何事もなかったように父親のそばにちょこんと座った。その子供の挙動の自然さに、また見事さに感動した、という話である。

大人でもやらないことを、五歳の子供が自然に身につけている見事さ、そのご両親の教育方針に拍手をささげたい。これこそ誠の教育である。親の背中を見て学ぶのが立派な教育である。

内村鑑三がその著書『代表的日本人』の中で引用されている一人が、近江聖人と言われた中江藤樹である。二年後には生誕四〇〇年を迎える。

「世界日報」四月九日付け日曜版には、中江藤樹の教育が紹介されている。すべての人間は、金銀珠玉より優れた「明徳」という宝を賦与されている。天は万物を生み育てる父母であるが、明徳は人間にだけ与えられている。学問は明徳を輝かすためにある。常に五事（視、聴、言、動、思）を正す努力によって、その人のもっている習癖が取り除かれる、と説いている。教育の本質は、教える側の人格、徳による教化であり、教育の根幹は子供に善の心を育てることである。

この視点が、現在の教育界に希薄すぎる。だから余計に、この五歳の男の子のさりげない行為が輝いて見える。

もう一つ、同じ新聞の同じページに、平成の寺子屋「三省塾」という記事がある。

京都市の長野享司さんが主宰する「衣笠三省塾」である。昔は身分の上下を問わず、幼い時から藩校や寺子屋で論語や、四書五経を大きな声で素読を繰り返すことで学び、人間として必要な道徳を身につけた。

その教育の成果が、偉大なる明治維新に見られるような多くの逸材を輩出した。道徳教育が学校でも家庭でもなされていない今こそ、かつての日本人が学んだ古典に接し、徳性を養って欲しい、と長野さんはおっしゃる。

不平等を認めるところからの出発——天地自然の理——

ルソーの思想の原点が嫉妬心に基づく平等主義であるからこそ、戦後の平等思想の歪曲が、日本の教育の衰退を産んだ事実に異義を唱える人は多くはないと思う。教育機会は均等に与えられるべきだということは正しい。ただし、ひとり一人の能力は平等には与えられていない、という冷厳なる事実の上に立っての話である。

人間の運、不運も平等には与えられていない。この世には不平等なものがたくさんある。貧富の差は個人の努力の結果の差であり、運、不運の差でもある。いくら努力しても報われないという不運もある。能力の差、気力・体力の差、健常者と障害者の差、その他、多くの差が存在するけれども、与えられた環境の中でみんな努力している。

差別というと目の仇にする御仁がいるが、経営の分野でいう差別的優位性を確保しなければ、市場での勝利は得られない。様々な差を無視して下へ倣《なら》えの平等教育を続ける国家の未来は危うい。男女の性差さえなくそうという動きがある。お節介焼きの国連がその最たるもので、日本に女性の国会議員の数が少なすぎるなどと文句をつける。安倍首相の掲げる女性の社会進出推進に異を唱えるものではないが、西洋社会と日本と同列に論ずる国連の姿勢が気に食わない。

国連に迎合して子供や女性の権利を楯に、市町村のレベルで法制化する必要もない当たり前のことで、条例を作る動きが区や市にある。つまらない条例を山ほど作るよりも、そんな時間と金が有り余っているのなら、江戸時代のような人間の信頼関係を醸成した社会が、よほど豊かな社会であることを学ぶべきである。天与の差を素直に認め、相互に尊重し合うことが天地自然の理に則した生き方である。

日本人にとって教育とは何か？

教育の根幹とは、日本人としての主軸（背骨といってもいい）、それを据えることである。その視点が、どこかに置き去りにされているという印象を、昨今の教育論議から受ける。

数年前、世界史の授業が必修であるにもかかわらず、受験対策により疎かにされていた実態が暴露されたが、同時に日本史が選択科目であったという不思議な事実が明らかになり、びっくりした。日本人である以上、日本国の歴史を学ぶことが、世界史よりも先行されるのは、当然過ぎることではないのか。

また、幼稚園児や小学校低学年から英語の塾に通わせる親御さんが少なくないという。また、小学生の子供に、日本の歴史も学ばないうちから、『アメリカの歴史』全十数巻を買い与えた母親がいたが、そういう親は、子供たちを西洋人として、また宇宙人として育てようというのだろうか。

親が子供たちを立派な日本人として育てよう、という心構えの欠如が、明確にこの事象に現われている。親が多分、自分たちが日本人だという明確な自覚がないのかもしれない。教育の出発点は、「自分は何者か」「自分はどこから来てどこへ行くのか」という自己の同一性と言おうか、自分が日本人であるという基軸を魂の中に打ち建てることである。

学校でも、家庭でも、その意識が希薄過ぎてはいまいか。

では、日本人の基軸はどこにあるのだろうか。日本人が、世界の他の民族と比して特色づけられるものは何か？

神道と皇室である。外来の仏教も、後に生まれた武士道も、この基軸から派生している。ところが、この神道と皇室が教育の場で教えられているだろうか。

●神話を起源とする世界唯一の天皇

私たちの世代でさえ、というより、敗戦直後だからこそ、皇室が日本にとってどういう意味を持つものかなど、一切教えられなかった。神道と皇室は密接に結びついており、それを軸として日本の伝統文化が創り上げられてきた。天皇の由来を伝承する『古事記』と『日本書紀』は日本民族の古典であり、神話の世界から天皇が誕生されたことを物語っている。

聖徳太子の御世に、大陸から仏教が伝来した時も、いたずらに異教として排斥するのではなく、当時の中華帝国隋、唐の文化に対抗する意味も含めて、仏教を消化吸収して、その後の神仏習合の信仰にまで高めたのだ。

皇祖である天照大神が皇孫のニニギノミコトを日向の高千穂の峰に「天降り」させた時に賜ったのが、「天壌《てんじょう》無窮《むきゅう》の神勅」といわれる言葉と勾玉《まがたま》と鏡と剣であり、これが天皇の御璽（みしるし）とされる「三種の神器」と言われる。

中西輝政氏の著書によると、驚くべきことに、この三種の神器が歴史を経て火事で消失したり、壇ノ浦の海に沈んだり、幾多の変遷はあったにせよ、千数百年以上も一貫して「同床共殿」を原則にして、常に天皇と共にあったという事実である。

それは、現在でも変わらず、剣と玉は天皇皇后両陛下の寝室の隣りにある「剣璽《けんじ》の間」に奉安されており、鏡は宮中三殿の賢所に御神体として御祀りしてある。

さらに天皇が一泊以上の行幸をされる場合は、今でも専用列車にも宿泊先にも「剣璽の間」を設け、神器を動座させる、ということです。まさに日本の皇室は、神話の世界と直接結びついているのです。皇位継承とはまさに、「三種の神器」を伝承することなのです。

この事実は是非とも、子供たちに教えていきたい内容である。また、神道と天皇は、稲作と密接に繋がっており、儀礼的な国事行為以外に、天皇が精魂込めて祀られる皇祖皇宗、稲作に関する幾多の祭祀の儀式が、年間を通じて行なわれ、それは、国民の平安、安寧、国家繁栄、五穀豊穣を祈念する天皇のお姿である。天皇は「祈る君主」であられる。

皇祖皇宗を祀られることが即、国家の繁栄と国民の安寧を祈願されることであり、天皇には、私事はあり得ないのです。

皇室を天皇家という呼び方は間違っている。ご存在自体がご公務であられるというのが正しい。

だからこそ「姓」を持たない世界唯一の君主なのである。

●教育勅語の復活を！

数年前、第一次安倍政権が頓挫した時、教育再生会議が事実上、無機能化するのではないか、と心ある国民は憂えた。中央教育審議会は、「教科書などは道徳の性格になじまない」という不可解な理由で、徳育を教科にしないという提言をした。徳育が必要なのは、子供たちよりも、むしろこういう審議会の委員たちではないか。

道徳の大切さも理解できずに、教育論議をするとは、片腹痛い。前述したように、小学一年生から電卓を使わせたり、小学校から英語教育を導入したり、教育審議会は、教育の何たるかも理解できていない。

彼らのようなつまらない議論を続けるよりまず、「教育勅語」を教育の現場に復活させることがより効果的である。

ＧＨＱは日本人の根幹に根付く道徳性に恐れをなして、教育勅語を排除させた。昭和二十三年、衆議院で排除を宣言し、参議院が失効確認をしている。小堀桂一郎氏によると、教育勅語には国務大臣の副署がないから詔勅ではない。国民の履行義務が生ずる詔勅ではなくして、明治天皇個人の御著作である。よって国会には、この文書を失効させる権限がない。個人の著作を印刷したり、奉読したりすることを禁ずることは、言論表現の自由を侵す憲法違反である。それをＧＨＱは日本の国会にやらせたのである。

また、この排除決議は法的には、昭和二十七年四月二十八日の国家独立主権の回復によって失効している。しかし、国会で、あの決議は占領下で強制されたものだから、今こそ「教育勅語」を復活する決議を採択すればいいのである。

教育ニ關スル勅語

朕惟フニ我カ皇祖皇宗國ヲ肇ムルコト宏遠ニ徳ヲ樹ツルコト深厚ナリ我カ臣民克ク忠ニ克ク孝ニ億兆心ヲ一ニシテ世々厥ノ美ヲ濟セルハ此レ我カ國體ノ精華ニシテ教育ノ淵源亦實ニ此ニ存ス爾臣民父母ニ孝ニ兄弟ニ友ニ夫婦相和シ朋友相信シ恭儉己レヲ持シ博

愛衆ニ及ホシ學ヲ修メ業ヲ習ヒ以テ智能ヲ啓發シ徳器ヲ成就シ進テ公益ヲ廣ノ世務ヲ開キ常ニ國憲ヲ重ジ國法ニ遵ヒ一旦緩急アレハ義勇公ニ奉シ以テ天壌無窮ノ皇運ヲ扶翼スヘシ是ノ如キハ獨リ朕カ忠良ノ臣民タルノミナラス又以テ爾祖先ノ遺風ヲ顯彰スルニ足ラン斯ノ道ハ實ニ我カ皇祖皇宗ノ遺訓ニシテ子孫臣民ノ倶ニ遵守スヘキ所之ヲ古今ニ通シテ謬ラス之ヲ中外ニ施シテ悖ラス朕爾臣民ト倶ニ拳々服膺シテ咸其徳ヲ一ニセンコトヲ庶幾フ

明治二十三年十月三十日

御名御璽

昭和二十三年六月に衆参両院で相次いで排除決議が採択されたが（全文を後に引用）、その文面はGHQに迎合した卑屈きわまるもので、不愉快極まりない。

——占領軍に強要されて、このような卑屈な決議文を採択した当時の国会議員たち。そして、それをいまだに有効のものとして疑義さえはさめない、矜持なき現在の政治家たちよ。中韓が怖くて英霊に参拝もできないとは情けない限りだ。我々が今享受している平和な日本のために、若い命を散らした英霊を思う時、情けなさとわが身の無力さに涙する——。

教育勅語等排除に関する決議（一九四八年六月十九日衆議院決議）

民主平和国家として世界史的建設途上にあるわが国の現実は、その精神内容において未だ決定的な民主化を確認するを得ないのは遺憾である。これが徹底に最も緊要なことは教育基本法に則り、教育の改新と振興とをはかることにある。しかるに既に過去の文書となっている教育勅語並びに、陸海軍軍人に賜はりたる勅諭その他の教育に関する諸詔勅、今日もなお国民道徳の指導原理としての性格を持続しているかの如く誤解されるのは、従来の行政上の措置が不十分であったがためである。

思うに、これらの詔勅の根本的理念が主権在君並びに神話的国体観に基づいている事実は、明かに基本的人権を損い、且つ国際信義に対して疑点を残すものとなる。よって憲法第九十八条の本旨に従い、ここに衆議院は院議を以て、これらの詔勅を排除し、その指導原理的性格を認めないことを宣言する。政府は直ちにこれらの謄本を回収し、排除の措置を完了すべきである。右決議する。

教育勅語等の失効確認に関する決議（一九四八年六月十九日参議院決議）

われらは、さきに日本国憲法の人類普遍の原理に則り、教育基本法を制定してわが国家及びわが民族を中心とする教育の誤りを徹底的に払拭し、真理と平和とを希求する人間を育成する民主主義的教育理念をおごそかに宣明した。その結果として、教育勅語は、軍人に賜はりたる勅諭、戊申詔書、青少年学徒に賜はりたる勅語その他の諸詔勅とともに、既に廃止せられその効力を失っている。

しかし教育勅語等が、あるいは従来の如き効力を今日なお保有するかの疑いを懐く者あるをおもんぱかり、われらはとくに、それらが既に効力を失っている事実を明確にするとともに、政府をして教育勅語その他の諸詔勅の謄本をもれなく回収せしめる。

われらはここに、教育の真の権威の確立と国民道徳の振興のために、全国民が一致して教育基本法の明示する新教育理念の普及徹底に努力をいたすべきことを期する。右決議する。

(以上、引用)

この卑屈な決議を一日も早く国会決議を採択して排除せよ。

●教育基本法と教育勅語――国会で排除できない教育勅語を復活させよ！――

引用した卑屈な勅語等排除決議に引用されている教育基本法について。戦後、憲法発布と相前後して施行された教育基本法を、改めて読んで見ると、空疎で抽象的な美辞麗句が漠然と並ぶという印象を拭えない。文部科学省の指導要領の「生きる力の育成を基本とし」という理解に苦しむ表現と符合する。法律ではないが明治二十三年以来、国民の心の拠り所となってきた教育勅語の方が、短くとも教育の理念が格調高く明瞭に謳《うた》われている。

そこには教育によって培われるべき道徳の概要が整然と述べられ、片や道徳教育の理念が欠落している基本法とは対照的である。法案に関わった法学者は基本法と教育勅語を一対として用いる意図であったと言われている。三月末に基本法が施行され、六月半ばに衆院、参院で教育勅語の排除決議および失効確認が可決された、その三カ月余の間に何があったか。

国家有為の人材を育成するという教育の目的を謳った教育勅語が、占領軍の日本弱体化政策に反するという理由で、民間情報教育局の圧力により排除されたわけだ。

我々が忘れてはならないのは、日本人は基本法と教育勅語とを一対のものとして教育政策を推進する意図であったものが、占領軍の圧力により教育勅語が排除されたという事実である。

渡部昇一氏が指摘されているように、教育勅語は天皇のお言葉であり、国会の決議で排除できるものではない。国会での決議事項とは次元を異にするものであることを、我々国民は冷静に判断する必要がある。

五箇条のご誓文、国会開設の勅諭などと並んで天皇陛下が発布された勅語の一つである教育勅語が、国会決議で廃棄され得るものではなく、ましてやそれが占領軍の強制の下に排除されることは、決してあってはならぬことである。占領軍によって強制された法的にも誤った勅語等排除決議を今こそ国会において、正当に無効決議をして復活させればいい。

西独のアデナウワー首相が終戦後間もない頃、教育勅語の独訳文を公邸の自室に掲げて日々愛誦していたと言われるほど、教育勅語は教育理念として国際的な普遍性を有している。哀しいかな、教育勅語と聞いただけで、復古調の軍国主義という短絡的な思考回路を有する人々がいまだに多い。

大阪大学名誉教授の加地伸行氏が「教育勅語とは何か」と題する論文の冒頭でも、「教育勅語という言葉を聞くだけで、すぐ拒絶反応を起こす人が多い。（高学歴者にありがちな）皇室への漠たる反感を基にして、教育勅語は否定すべき古いもの云々」という記述がある。日の丸のバッジをつけ国旗を掲げるのは右翼と反射的に思う人間は、教育勅語は悪だと思い込んでいる思考停止状態の左翼と同様に、バカにつける薬はない。

教育勅語が発布された時代背景を考えてみる必要がある。

富国強兵を目指して、西洋の文物を取り入れるに急な鹿鳴館時代に象徴されるように、西洋の物まねに走り、日本固有の伝統文化を忘れがちな時代背景があった。内村鑑三と新渡戸稲造の二人のキリスト教徒が、この時代相前後して『代表的日本人』や『武士道』を著述して、世の軽薄な西欧追従の風潮に警鐘を鳴らしたのと無関係ではないのである。

国民の義務の納税以外は、ほとんど権利ばかりを羅列した昭和憲法といい、道徳教育を無視した空疎な美辞麗句ばかりの教育基本法の二本立てで、「人間性の欠落した自己中心の動物的な日本人の育成」を意図していた占領軍の真意がわかろうというものだ。まさに占領軍が推進した三S政策（スポーツ・セックス・スクリーン）の目的と合致する。

戦後彼らの敷いたレールの通り、寸分の違いもなく走ってきた日本人の、あまりの従順さに、当時の政策担当者はかえって面食らっているのではあるまいか。

中央教育審議会の中間報告案には公共精神、道徳心の醸成、伝統・文化の尊重、家庭の尊重などが重視されているが、独立国として当然のことであり、むしろ遅きに失したと言える。それさえをも例によって軍国主義を持ち出して反対している勢力は、日本の主権回復後、半世紀を経た現在でも、いまだに米国の日本弱体化政策に加担している事実に気が付かないほど、日本人は平和ボケがひどい。

アフガンの子供たち――教育の原点――

数年前の一月十六日の夕方、ＮＨＫで『悲しきアフガン』と題する放映があった。映画『カンダハール』を制作したマフマルバフ監督が、この映画創作の動機を語るという設定である。

アフガニスタンは異民族による支配が続いた後、一七四七年に建国、十九世紀には英国とロシアの勢力争いの的になり、一八八〇年に英国の保護下に入る。一九一九年、インドに侵攻し、英国より外交権を回復し、独立する。その後政体が幾度となく変わり、政権内の権力闘争が続いた機に乗じたソ連がアフガンに侵攻した。

米国、パキスタン、イランの支援のもと、ソ連および傀儡《かいらい》政権との戦いで国中が戦場となる。一九八九年、ゴルバチョフ政権に代わったソ連は撤退したが、その後も部族間の主導権争いが続く。

内戦に嫌気が差していた国民はタリバンを支持したが、その政策のため反タリバン同盟との内戦が続き、今回の米国軍の空爆により、タリバン崩壊に至る。長い間の戦乱による飢餓と悪政により子供たちは学ぶことすらできず、勉学に対する強い思いが日に日に強くなる。

監督はイラン人でありながら、隣国のアフガニスタンの子供たちの惨状を何とか国際社会に知らしめようと、この映画を作ることに思い至った。

数年前のニューヨークでのテロ攻撃がアフガニスタンに世界の目を向けさせることになったのは、アメリカの空爆で殺戮《さつりく》された、罪もない多くのアフガン市民の犠牲がもたらしたものと言える。と同時に、この映画も国際社会の注目を引き始めた。緒方UNHCR前事務局長も、現役時代に再三、アフガニスタンの惨状を訴えたにもかかわらず、国際社会は無視してきた。

監督は言う。

アメリカがイラクのクウェート侵攻に対しては、即刻湾岸戦争に踏み切りながら、アフガニスタンの窮状を無視し続けてきたのは、アフガニスタンには石油がないからだ、と。

マフマルバフ監督は涙が頬に伝うのを時折そっと拭いながら、アフガンの子供たちへの熱い想いを語る。

仮の教室に入りきれない子供たちが外から覗き見しながらも、必死で学ぼうとしている目の輝きを是非、日本の子供たちにも知って欲しい。マフマルバフ監督はアフガンの最重要課題は教育だという。日本の重要課題も教育であることは同じであるが、双方の問題の中身はまさに正負の両極端にある。

日本のそれは持て余す教育資源を充分に使いこなせぬ贅沢な悩みであり、アフガンの場合は長い間の戦争状態で学問がしたくとも、施設もない、教材もない、教師もいない、そういう状況の中で子供たちの学問への熱い想いばかりが先行している。アフガンの場合は、まさに教育の原点からの再出発といえる。

国家百年の計である日本の教育も今、まさに原点に立ち戻り、アフガンから何かを学ぶことができるのではないか。

教育が危ない！——有識者の恐るべき不見識——

藤原正彦（お茶の水女子大教授）氏が、専門家や有識者と呼ばれる人々の不見識を訴えているのを以下に引用する。

——昨年、伊勢神宮を初めて参拝した。午後の外宮を歩いていたら、白装束に黒木靴の神官が三人、恭しく食膳を持って通りかかった。尋ねると、「神様の食事で、嵐の日も戦争中も一回の休みもなく、朝夕二回、千四百年余り続けてきました」と言った。六世紀に外宮ができて以来という。こんな国に生まれてよかったと、久々に思った。

伝統を守ることの深い意義を信じる私にとって、「皇室典範を考える有識者会議」が女性女系天皇を容認の報道は衝撃的だった。「世にも恐ろしいこと」と蒼ざめた。政治や経済の改革が気に入らないことは始終ある。しかし、政治・経済は成功しようと失敗しようと、所詮、政治経済である。腹を立てても蒼ざめることなどあり得ない。今次の答申はまったく質が異なる。伝統中の伝統、皇統に手を入れるものであり、その存続を危殆《きたい》に瀕させかねないものであり、国体を揺るがすものだったからである。

気を鎮め、答申に目を通してみることにした。長たらしい答申を隅々まで熟読する、というのは初めてのことだった。そして、その空虚かつ凡庸な論理展開に愕然とした。

二千年の皇統を論ずる上での原点が、何と日本国憲法と世論だったのである。実際、答申では要所要所でこれら原点に戻り、結論へと論を進めている。この二つを原点とするなら、実はその時点で結論は一義的に定まってしまう。男女平等により長子優先である。議論は不要でさえある。

長い伝統を論ずる場合、それがどんなものであろうが、先人に対する敬意と歴史に対する畏敬を胸に、虚心坦懐で臨むことが最低の要件である。この会議はその原則を逸脱し、移ろい易い世論と、占領軍の作った憲法という、もっとも不適切な原点を採用したのである。「有識者」の恐るべき不見識である。

そもそも皇族は憲法の外にいる人である。だからこそ皇族には憲法で保障された選挙権も、居住や移動の自由や職業選択の自由もなく、納税の義務もないのである。男女同権だけを適用するのは無茶な話である。

伝統は時代と理屈を超越

伝統を考える際に、憲法を原点とするなら、憲法改正のある度に考え直す必要が生ずる。憲法などというものは、歴史をひも解くまでもなく、単なる時代の思潮にすぎない。流行と言っても良い。世論などは一日で変わるものである。憲法や世論を持ち出したり、理屈を持ち出しては、ほとんどの伝統が存続できなくなる。伝統とは、定義からして、「時代や理屈を超越したもの」だからである。これを肝に銘じない限り、人類の宝石とも言うべき伝統は守れない。

天皇家の根幹は万世一系である。、万世一系とは、神武天皇以来、男系天皇のみを擁立してきたということである。男系とは、父親→父親→父親とたどると、必ず神武天皇にたどり着くということである。これまで八人十代の女性天皇がいたが、すべて適任の男系が成長するまでの中継ぎであって、その男系でない配偶者との子供が天皇になったことは一度もない。二十五代の武烈天皇は、適切な男系男子が周囲に見当たらず、何代も前に分かれ傍系となった男系男子を次の天皇とした。

十親等も離れた者を世継ぎとするなどという綱渡りさえしながら、必死の思いで男系を守ってきたのである。涙ぐましい努力により万世一系が保たれたからこそ現在、天皇は世界唯一の皇帝として世界から一目おかれ、王様や大統領とは別格の存在になっているのである。大正十一年に日本を訪れたアインシュタインは言った。「近代日本の発展ほど世界を驚かせたものはない。万世一系の天皇を頂いていることが今日の日本を有らしめた。

我々は神に感謝する。日本という尊い国を造っておいてくれたことを」。万世一系とは、かくの如き世界の奇跡なのである。これを変える権利は、首相の私的諮問機関にすぎぬ有識者会議にはもちろん、国会にも首相にもない。天皇ご自身にさえない。国民にもないことをここではっきりさせておく。飛鳥奈良の時代から明治大正昭和に至る全国民の想いを、現在の国民が蹂躙《じゅうりん》することは許されないからである。平成の世が、二千年続いた万世一系を断絶するとしたら、我々は倣岸不遜の汚名を永遠に留めることになろう――（「産経新聞」平成十七年十二月七日付けより転載）。

司法は狂っている！——国旗・国歌を侮辱する教員は解雇すべし——

九月二十一日の東京地方裁判所の判決は狂っている。裁判長の判断は、占領軍に洗脳されたままの判決である。日本の司法が危ない。

東京都教育委員会が反日教員約四〇〇名を処分したのを、「思想の自由の侵害だ」とした判決である。国旗・国歌を敬わない態度と言おうか、それ以上に国の国旗・国歌を侮辱する人間は、本来なら、国旗・国歌侮辱罪で刑罰に服するのが人の道として当然である。哀しいかな、いまだに普通の国になりえていない日本には、それが法制化されていない。

国旗・国歌を忌避するという邪悪な思想を持つこと自体、民主主義国家でいくら思想・信条の自由が保障されているとはいえ、教員という、日本の将来を背負って立つ子供たちを教える立場の人間としては、欠格要件である。教員の資格取得時の大事な要件とも言うべきものではないか。

戦後の日教組の教育で育った次世代が、この裁判官の世代であり、悪しき自虐史観に毒されている。

たとえば、国家反逆罪ともいえるような思想の持ち主でも、そんな思想を持つことは、自由であるかもしれない。しかし、そういう思想の持ち主は、公共の福祉に反するということで、明らかに憲法に違反するのである（第十二条）。自由の濫用は許されない、ときちんとした歯止めが、マッカーサー憲法でさえも謳われているのである。そんな邪悪な悪魔の思想を持つ人間は、存在は許されても、公務員やそれ以上に教育に従事する人間としては明らかに不適格である。国旗・国歌を尊重できない人間は、公務員として、また教員としての免許は与えてはならないことを、明確に法制化するべきである。

●国の秩序を乱す司法判決

平成二十五年九月に最高裁で「婚外子は嫡出子の半分の相続」が民法で規定されていたものを、違憲とする判決を下した。この判決により国会では民法の改正が審議されている。国会が決議して民法に定められた規定を、最高裁がいとも簡単に覆すことに大きな違和感を覚える。それまでゼロであった婚外子相続分を五割に引き上げて国会決議をし、平成七年には最高裁でそれを合憲と判断した。にもかかわらず、法的に正式に結婚して生まれた嫡出子が正しい相続人として社会が認めることに異を唱える今回の判決は、日本社会の伝統を破壊し、社会の秩序を乱すものと私は考える。

婚外子の比率を観ると、フランス五十六パーセント、アメリカ四十一パーセントに対して、日本はわずか二パーセントに過ぎない。数字だけを見ると家族を重んじ、法律婚を敬う日本の健全な社会が見える。この比率を欧米並みに引き上げようとする法曹界は、家族制度を崩壊させ、社会の秩序を乱そうとしている。

ここにも何でも国際水準に習おうとする日本の悲しい習性が見える。日本は日本である。我々の誇るべき歴史と伝統を重んずる社会を、これ以上破壊してはならない。

最高裁の判事十四人全員が違憲に賛成し、その理由は憲法が定める平等の原則に反するというものだが、これこそ教育界での競争原理の排除と同様な、悪平等ではないか。

自由と平等は、義務の遂行と社会秩序の保全を前提として許される。この判決は、なぜ嫡出子と婚外子の相続に差をつけたかの先人の智慧の背景に関しては、一考だにされていない。一時、悪平等主義に陥った教育界と同様に、最高裁も悪平等主義を信奉しようとするのか。

●便利さという名の悪魔

元東京都知事時代の石原慎太郎氏が書いているが、都の教育委員の一人が、ヨーロッパに長期滞在した。よく観察したら、どの国でも中学生、高校生の年齢の子供たちで、携帯電話を持っている子供をまったく見かけなかった。向こうの知人に聞いたら、購買価格からしても、使用料金からしても、子供の小遣いで賄《まかな》えるものではなく、（持たないのは）当たり前のことだ、と言われたという話である。

要するに、日本は小学生までが携帯電話を持つ社会が異状なのである。子供の安全と便利さという美名の陰で、電話会社の商業主義から様々な機能が次々と開発され、子供たちが携帯電話に翻弄されているように見える。稲盛和夫ＫＤＤＩ会長はどう考えておられるか、お伺いしたいものだ。

冬の雪山に出かけて遭難し、携帯電話で地元の警察に救助を求めてくる例が最近多い。これは、冬山登山をする人間にとってはルール違反ではなかろうか。いざとなったら携帯電話に頼るという安易さが、冬山の危機感や事故責任感を鈍らせる。そういった心の緩みや油断の蓄積が、道徳の退廃に繋がる。

今の世の中で、携帯電話がなければ連絡が取れないことはありえない。時間がかかっても、携帯以外に様々な連絡手段は存在する。

食品業界も同じだが、日常生活の中で、表面的な便利さや安価さを求めるあまり、人間としての根幹や物の本質的な価値などをなおざりにしてはいないだろうか。

便利さに流されない、もっと本質的な人間の豊かさを追求する価値観を持ちたい。

以上、いくつかの例証を見てきたように、教育審議会や教育委員会の制度そのものが、教育界のガン細胞になっているのが現状である。

学力テストの結果を公表するか否かで問題になったが、学力テストの結果はあくまで教育の全体の中の一部である知育だけの結果であることを認識すれば、自ずから結論は出よう。

戦後の教育は知育ばかりに偏重された反省に立ち、教育は知育・体育・徳育を総合したものであり、知・情・意の教育が平衡感覚よく用いられることによって健全に成り立つ。その模範として、昔の教科書を日下公人氏が、その著書『今日本人に読ませたい戦前の教科書』で示してくれている。

冒頭に述べたように、知見と経験はもとより判断基準として重要ではあるが、さらに大多数の一般庶民の良識をないがしいがしろにしてはいけない。よく言われた「素人は口を出すな」とは有識者の傲慢さに過ぎない。専門家や有識者を過信するな！

まず、庶民の声を聞け！

第二章――マスコミよ、恥を知れ！

本来なら「マスコミ」は大量情報伝達と訳すべきで、その伝達手段をマスメディアと呼ぶべきであろうが、俗用に従ってここでは、新聞、出版、放送などの報道媒体をマスコミと呼ばせていただく。政治家は、社会が行なう世論調査の結果に一喜一憂する主体性のなさが指摘されるが、衆知の通り、世論はマスコミによって創られる。

民主主義は多数決の原理に基づき、多数決の原理は世論調査に表わされる。民主主義を最高の政治形態と錯覚する人々は、英国の元首相チャーチルが「民主主義は最悪の政治形態だ」と喝破したことを真摯に受け止めるべきである。

マッカーサーが、日本に民主主義をもたらしたなどという世迷い言を言う輩や、敗戦後の主権のない日本に押し付けられた憲法を、恥も外聞もなく後生大事に信奉する人々が、民主主義を最高の政治形態だと錯覚している。考えてもみよ、多数決を基盤とする民主主義が健全に機能するためには、大前提があることを忘れてはならない。

その大前提とは、国民が正常で健全な判断力を有している、ことである。それがなければ、民主主義は衆愚政治に堕し、国家を滅亡に導く。

民主主義の害悪――多数決の結果は正しくない――

戦後は民主主義が何物にも勝るものとして尊重されてきたが、これには、大きな落とし穴がある。主権在民の理念のもと、国民の総意で決める制度、すなわち多数決の決定は、必ずしも正しくはない、ということである。多数決の結果が正しいのは、「多数決に参加するひとり一人が成熟した判断力を持っている」という大前提が成り立つことである。この前提条件が満たされることは困難である。

だから衆愚政治というが、先の衆議院選挙の結果でも、それを感じた。我々もその愚行を犯す大衆の一員である。だからこそ日々精進し続ける意味があるのである。その落とし穴を利用して、しばしば世論調査の結果がマスコミに流される。これが曲者である。これで世論を造ろうという企みが見え隠れする。

「産経新聞」平成十九年八月二十日付けに、数学者の藤原正彦氏の論文が掲載されている。その中で、

「どこでも大衆は広い教養に支えられた大局観とは無縁であり、その判断はほぼマスコミに依存する。世論とは、マスコミと言っても過言ではない。マスコミが頼りにならないことは自明である」

と述べているが、その頼りにならないマスコミに左右されているのが世論であり、その世論に迎合しているのが政治家であり、またマスコミでもあるが、この三つ巴の悪循環を呈しているのが、現在の日本の諸悪の根源ではないか。

マスコミとは端的に言えば、新聞であり、テレビ、ラジオであり、出版物、インターネットの様々なサイトも含まれよう。しかし、代表的な新聞とテレビが害悪を垂れ流しにしている張本人である。特に、朝日新聞を始め地方新聞の九割以上が中国、韓国、北朝鮮、ロシアに媚《こび》を売る、反日的な報道を流しているのが現状である。

大衆が正しい情報を自ら取捨選択しようとする努力を怠る限り、子供たちのみならず、大人をも害する報道や番組が我が物顔にのさばり続けるだろう。

終戦直後の占領軍GHQは、自らの手で起草した日本国憲法で表現の自由を謳いながら、返す刀で日本弱体化の目的のため、検定という手段を用いて徹底的に出版の自由、言論の自由を圧迫した。米国のお下がりの民主主義とは、所詮その程度の代物である。

世論はマスコミによって創られるがゆえに、民主主義国家を形成する国民のその判断力に大きな影響力を及ぼすのが、マスコミである。

朝日新聞やＮＨＫなどの大メディアの偏向報道が問題になって久しい。

各種報道メディア、インターネットなど情報の多様化に伴い、過剰な情報が流される中、我々は自らの判断で、情報を取捨選択することなしには、自己を見失う危険な社会の中にいる。

事実、誤った情報の選択の結果として、戦後の日本は、経済社会の混乱、教育界の荒廃、倫理道徳の低下など、様々な社会的問題を引き起こしている。そして、情報過多といわれる現在でも、我々国民が知る権利があると言いながら、一方ではマスコミが報道しようともしないがゆえに、我々が知らないことが多すぎる。

たとえば、教育界、学校での性教育の現状など、国会議員でさえも知らなかったことが、議会の質疑の中で明らかになっている。日本の未来を担う子供たちが、知育ばかりでなく、体育、徳育の健全な教育を受ける環境を整備するのが、大人の責任である。

人材育成には、確固たる理念の下に実践の長い年月が必要であることは言をまたない。国民が知らねばならないことを知らさないマスコミ、低俗な番組を流し続けるテレビ界、偏向した報道を流し、日本の倫理道徳の低下に拍車をかけるマスコミを淘汰して行かねばならぬ。

日本国憲法の第三章の「国民の権利及び義務」には、第十条から四十条まで網羅されて自由と平等の権利ばかりが強調されているが、社会の秩序、規律を護るという文言の代わりに、「公共の福祉のためにとか、公共の福祉に反しない限り」という不明瞭な文言が使われている。公共を国民と解せば、国民の六割の福祉には反しないが、四割には反する場合はどうなるのか。

しかしながら、社会の秩序は何によって護られるのか。社会の規律、規範と呼ばれるものであり、法令や規則もその中に含まれる。しかし、道理、人の道、道義に反する法律もある。前述したように、民主主義社会は世論に左右され、その世論はマスコミによって創られる。それは政治を動かし、政治家は法律を作り、その法律が国を動かす。

内村鑑三はその著『代表的日本人』の中で、

「民主主義というのは、心より法律を頼り、それに伴って人情の欠如した利己主義的な権利の主張だけが増えて、道徳観の薄れた国家になるであろう」

と民主主義国家の欠陥を予言している。

また、明治天皇の御信頼の厚かった侍従であり、明治維新の立役者の一人、剣豪の山岡鉄舟は、その『山岡鉄舟の武士道』の中で、

「法律なるものは、人間霊性の道義の観念にまで、力の及ぶものではない。（中略）忠孝・節義・慈愛等の観念は、もとこれは人類高等の霊性から発する理想にして、道義の発動である。これらの道義にいたっては、区々なる人為的法律の規律しうるものではない」

と喝破している。

明治新政府が西洋化に奔走するあまり、法律万能主義に陥らんとする危機を世に知らしめ

た、山岡鉄舟翁の警告でもある。

山岡鉄舟と内村鑑三という先賢の言葉をよく噛みしめれば、現在のような情報社会の危険性が見えてくるのではないか。

表現の自由と表現しない自由――マスコミと政府の不作為――

憲法第二十一条の「言論、出版その他一切の表現の自由を保障する」、この条項こそが誤った観念を日本人に植え付けてきた。戦後この憲法が認める自由と平等がいかに誤った方向に日本人を導いてきたか。

自由と平等には自ずから大前提がある。憲法は無制限の自由と平等を認めてはいない。自由と平等が許されるためには、規律ある社会と個人の尊厳が護られることが優先される。それなくしては自由と平等は許されない。未成年の援助交際や法の網をかいくぐった風俗営業なども、社会の規範、秩序を乱すから許されてはいけないのである。

同様に、言論など一切の表現の自由も、無制限ではなく、社会の秩序と個人の尊厳なくしては、あり得ない。すなわち社会の秩序を乱すような言論、表現は自由には許されないし、個人の尊厳を損ねる表現の自由も許されない。日本人の尊厳を踏みにじる報道や、誤った歴史観を植えつける報道も表現の自由の濫用である。

映画でも報道関係でも、表現の自由には限度があることは自明である。ただ、新聞や出版業界では、言論の自由に歯止めがかかっていない。と共に、報道されるべきことが報道されない現状がある。以下に例証をあげよう。

まず、国連の潘基文事務総長が韓国の外相だった時、訪日して内閣官房長官（当時）であった安倍晋三首相に、歴史問題で日本を難詰した。竹島の領有問題で、日本が国際調停機関に委ねることを提案したのに対して、不利と見て無視してきたのは韓国側である。

日韓併合にしても、西洋列強の植民地行政とはまったく異なり、日本国民と同等の権利を朝鮮人にも保障した併合の歴史的経緯を無視した抗議に対して、日本の報道各社は不作為を決め込み、一紙の新聞社も韓国側の誤った歴史認識に抗議すらしなかった。これこそ国益を損ね、国民の知る権利を無視した振舞いである。

この潘基文が国連の事務総長の地位にありながら、日本の歴史認識を非難したのは昨年（平成二十五年）のことである。日本政府は抗議をしたものの、潘基文が釈明をすると、すんなりと矛を収めてしまった。潘基文の言動は国連憲章第一〇〇条の国際的職員の地位に関する条項に違反することが明らかである。普通の国ならば、猛然と抗議し、国連事務総長の辞任をも求めたであろうに、外務省も日本の報道機関も、この問題を取り上げようともしない。

それでいながら、靖国神社参拝になると、朝日を始めとする反日新聞は、中韓を炊きつけるように連日、非難を繰り返す。まるで中韓の出先機関のような報道に対して、それでも日本の報道機関か、と心ある国民は怒っている。

歴史認識に関して、いかに日本のマスコミが歴史を歪曲し、教育を歪めてきたか見てみよう。

平成二十六年八月五、六日、紙上で朝日新聞が慰安婦報道に関する一連の誤報を認めた。旧日本軍の朝鮮女性たちの強制連行説を作り上げた、元日本兵の吉田証言を取り上げた朝日新聞の記事が三十二年前である。

それが朝鮮半島との歴史問題に発展させた河野談話を産み、歴代政権の謝罪を繰り返させる元凶となった。その歴史的事実を認識することもなく、三十二年もの間、日本の国際的地位を貶《おとし》めてきて、吉田証言が虚偽と判定された後も、優柔不断にずるずると誤報を認めてこなかった。

これが社会の木鐸と呼ばれた報道機関のすることか。過ちは誰でもする。重要なことは、それが判明した後にいかに潔く誠実に謝罪するかである。

ジャーナリストの桜井よしこ氏は文藝春秋十月号の特集記事の中で、ワシントンポストやニューヨーク・タイムスの誤報に際して、両新聞が発覚からわずか一週間で捏造記事の検証、再発防止策までを公表した事例を掲げている。米国新聞の対応の見事さと日本の国際的地位に泥を塗り続けた歴史的大誤報を三十二年間も放置し続けた大新聞と呼ばれた日本の恥さらし。そのうえに誤報を認めてから、謝罪をするまで約四十日もかかった決断力のなさと無節操さ。潔《いさぎよ》さこそ日本の精神文化の粋ではなかったか。

さらに、この虚報報道を長きに亘って報道してきた、NHKを始めとする民放のニュース番組も、関わりになることを一切避けるように、表現しない自由を守るように、ほとんど報道をしない。地方新聞も同様だが、沖縄タイムスは、朝日新聞の記事の数日後の八月九、十日の両日、三面の慰安婦問題の誤報記事を掲載してはいるが、自社の慰安婦報道に関しては一切触れていない。

加瀬英明氏の著書『中国人韓国人にはなぜ「心」がないのか』の中で、韓国の学者グループが書いた『軍隊と性暴力　朝鮮半島の二十世紀』と題する優れた研究書が平成二十三年に日本でも翻訳出版されたことを明らかにしている。その研究書によると、韓国の女性たちは韓国軍情報機関員に拉致され、慰安婦になることを強制された韓国慰安婦制度は、あくまで軍による性奴隷制度である、としている。

国連軍と韓国陸軍の慰安婦についての研究発表だが、そんな韓国が日本軍の自発的な慰安婦制度を非難する資格があるのか。マスコミはこのような優れた資料を縦横に駆使して、河野談話の虚偽性を一日も早く暴露すべきだ。

平成十五年一月十七日付け「朝日新聞」の社説は題して「日露戦争って何だった」を高山正之氏が引用している。その社説によると、「あの戦争は近代日本を朝鮮の植民地支配、更に中国に向かわせた転換点」だと解説している。これが日本の新聞だとはとうてい思えない。

中国・朝鮮の歴史観そのものである。

こんな新聞を愛読している官庁や会社、その他個人が八〇〇万部も支えているのだ。こんな新聞が日本の中の反日勢力の強力な温床となっている現実を、賢明なる国民は直視して欲しい。いくら憲法で表現の自由が謳われていようと、こんな記述が許されていいはずはない。

憲法第十二条の「憲法が保障する自由及び権利は濫用してはならない」という条項に違反する憲法違反である。日露戦争の歴史的意義は、二十世紀最大の事件であり、世界中の有色人種に勇気と希望をもたらしたのであり、そのことを証明する資料は、枚挙に暇がないほどだ。

日露戦争中も含めて、中国の孫文を始め東南アジア、中東そして世界中の独立を希求する国から、多くの留学生が来日し、頭山満翁を代表とする東亜陣営の人々の支援を受けてきた歴史的事実がまず思い起こされる。

そしてマレーシアのマハティール首相が、一九九〇年の演説の中で「日本は今も第三世界の自立精神の活力だ」と述べたことが、朝日新聞の見解を完全に否定していることは明らかである。

米国、クリントン政権の時の話である。

三菱自動車のイリノイ州工場で「会社公認でセクハラが行なわれていた」と政府の雇用機会均等委員会が告発した。

告発したのは、慰安婦問題で中国ロビーに買収されて非難決議案を提出したマイク・ホンダと同じ日系米国人のポール・イガサキがその副委員長である。米国政府も米国マスコミも、日本の昔の女性蔑視を言い立てて、でっち上げて告発した。ワシントンポスト紙が六人の記者を送り込んだ法廷には、米国に一〇〇人の記者を置くＮＨＫも朝日新聞も一人の記者も出さなかった。

日本総領事以下、外務省も知らんふりを決め込んだ。日本から完全に見放された三菱は総額四十億円を払わされた（高山正之氏の複数の著書より）。

このえげつない米国のやり方と、それに一矢も報い得ない日本の政府と報道各社の不作為に、憤懣やるかたない思いを抱く国民は少なくないはずだ。

同じような言い掛かりで東芝が一一〇〇億円取られたのが三年後で、同様に外務省も報道各社も知らんふりで通した。

恥を恥と感じない魂の退廃――鈍化した恥の文化――

毎年、二月七日は「北方領土返還の日」である。日本を愛し義侠心に富む熱血女史で知られる上坂冬子氏は、靖国神社問題で活発な言論活動を展開されてきたが、北方領土に関しても、作家としての職業柄以上に、ご年配にもかかわらず発揮されてきた行動力には、敬服する。残念ながら、平成二十一年四月に永眠された。慎んでご冥福をお祈りしたい。

平成十八年の八月十六日、北方領土の日本の領海内で起きた、日本人漁師がロシアの警備艇に銃撃・殺害された事件を思い起こしていただきたい。

銃撃を受けて国後島《くなしり》に拿捕《だほ》された吉進丸の坂下登船長が、十月三日にロシア側から釈放されて帰ってきてから、上坂氏も船長や関係者の取材に初冬の根室ノサップ岬へ取材に飛んだのである。

ロシア側から起訴されて立たされた法廷には、弁護士も通訳もロシア人で、日本人は一人もいない。モスクワの大使館、サハリンの総領事館からも日本人が誰一人付き添いにこなかった、というのである。挙句の果て、二一四万円の罰金を船長自ら支払わざるを得ず、漁船も没収されたままである。

目の前のたった二キロの深夜の海上で、日本人漁師が殺されたというのに、日本人は、日本国は何もしていないのだ。これが、国家と言えるか。坂下船長の立場であれば誰でも、日本国に対して、憤懣やる方ない思いを抑えることはできないに違いない。

しかも、船長が釈放されて以来、マスコミも政治家も、誰もこの事件に対して、抗議をしようともしないことである。美しい日本は、どこへ行ったのか。北朝鮮の拉致問題と同等か、それ以上に深刻な問題ではなかろうか。

これは、まさに恥ずべき国家の、マスコミの体たらくではないのか。

「国辱もの」という意識さえ、今の日本は、戦後教育に押しつぶされて忘れ去られてしまったのだろうか。これでは殺された青年漁師があまりに悲惨であり、船長も日本国家に対する恨みが募るばかりであろう。

国が、国民に愛国心を植え付けようとするならば、政治家は、政府は、まず、国家として国民をいかなる諸外国からの横暴からも守護するという、意思と行動をはっきりと示さねばならない。

マスコミも、国民に迎合する報道ばかりするのではなく、国家の威信に関わるこのような国家の不作為を大々的に報道し、国民に訴えるべきではないか。

「お天道様に恥ずかしくないように」とか、「天に恥じない行動をする」という行動規範を持っていた「恥の文化」の日本はどこへ行ってしまったのか。

さらに驚くべきことに、恥の上塗りとも言うべき事実を知らされた。上坂冬子氏が『別冊正論』五号で引用されているが、

「殺害事件の後、たった三カ月しか経っていない十一月二十八日に、日本政府は例年通り、日本人が一人も住んでいない北方四島に医療支援と称する救援物資を送った」というのである。

日本国政府は、国民一人が冤罪《えんざい》で殺され、何もロシアに対して外交努力もなされないまま、いまだに援助を続けているのだ。国民として、政府のこんな筋の通らない話を許すことがで

きないはずだ。政治家も、マスコミもこれに対して黙して語らないのは、彼らの職責放棄としか、私には映らない。

前述の上坂氏は、「男たちよ、国を守るということをご存知か」と題する論文の最後で、「正論を口にしてけんか腰で戦ってみせる政治家が現われ、国家としての明快な姿勢を打ち出さぬ限り、もはや国民は愛国心など持てるはずがない」と安倍政権を痛烈に批判している。

歴史の歪曲――誤った報道を許すな――

八月十五日付けの「琉球新報」第一面に、「日本が無条件降伏」という見出しが載っている。これをまさに「歴史の歪曲《わいきょく》」と言う。同じ新聞の三面で、「歴史の歪曲を危ぶむ」と題して、集団自決の軍命令はなかったとする昨今の提訴の流れに異を唱えているが、沖縄の新聞自らが、歴史を歪曲して、善良なる県民を誤導している。

ポツダム宣言を読めば一目瞭然だが、日本が無条件降伏せよと、どこに書いてあるのか。日本がポツダム宣言の受諾を決定したのは、長崎の原爆投下の八月九日に御前会議で、国体の護持を条件に宣言受諾を連合国に伝達したのである。

ポツダム宣言は全十三項目からなり、第五項目には、次の条件を要求するとして六〜九項目までの条件が記されている。これだけでも無条件降伏ではないことが分かる。

ただ、十三項目に全日本国軍隊の無条件降伏を宣言せよと要求し、具体的には軍隊の武装解除を要求しているのであって、決して日本が無条件降伏をしたのではないことを、子々孫々まで明確にして欲しい。

こういった微妙なところでの歴史事実の歪曲が、至るところで行なわれ、朝日新聞を始め、地方の新聞にその傾向が顕著である。集団自決の軍命令にせよ、戦後六十数年を経てようやく、「琉球新報」の八月六日付けに、大江健三郎氏と岩波書店を軍の遺族が提訴し、慶良間の集団自決の軍命がなかった、という見出しで掲載されている。

どんな国の歴史にも、光と影の部分があるのだ。それを殊更、日本の影の部分だけを掘り起こして歪曲して、無垢な子供たちに刷り込みを行なう下卑たマスコミの報道姿勢を、我々は絶対に許してはならない。

東京裁判に関してもよく言われることだが、サンフランシスコ講和条約を受け入れたのだから、今さら文句を言えないという意見がある。

講和条約第十一条の戦争犯罪の項で、日本は国内外の連合国戦争犯罪法廷の裁判を受諾し、という表現があるが、原文では確かにJudgementsとなっているのを、無知な外務省の役人が「裁判」と誤訳したが、正しくは、「判決」を受諾したのであって、日本はA、B、C級戦争犯罪人の判決での刑の執行を受諾した、というだけに過ぎない。

それが講和条約の条件であった。だから、戦犯とされた人々が赦免、減刑される権限は一以上の連合国と日本政府の勧告で行使できる、と条文にあるように、昭和三十三年までには、執行された以外のすべてのＡＢＣ級戦犯が釈放されている。国民運動が盛り上がり、国会でも決議した結果である。

ということは戦争犯罪人という言葉は、過去の遺物に過ぎない。それを中韓に言われたからと言って、靖国神社参拝に結び付け、戦犯を持ち出すのは、先人が苦労して築き上げた日本の歴史に泥を塗るものである。

現に戦後には、Ａ級戦犯であった岸信介首相、賀屋興宣《おきのり》法相、そして重光葵外相らが、国際社会で賞賛を受けながら立派な業績を上げておられる。彼らは世界からＡ級戦犯だと非難されたことがあっただろうか。それだけ見ても、東京裁判の戦犯の名称のいい加減さが明らかである。反日派の手垢にまみれた戦犯という語はもはや禁句にしよう。

現代では、東京裁判は、その記録を詳しく振り返ってみれば分かる通り、連合国が意図的に仕組んだ茶番劇であったことが、定説になりつつある。

東京裁判の実態は、白人の有色人種に対する復讐以外の何物でもないのだ。

日本政府は、東京裁判無効宣言を発すればよい。

無条件降伏の裏側

前節で無条件降伏について触れたが、実際の無条件降伏とは何か、を考えてみたい。第二次大戦終戦時の年五月一日、ドイツはヒトラー総裁が自決を遂げ国家元首を失ったことで、ドイツは無政府状態になり、米英ソ連合三国はドイツ全領土を占領した。それに関する停戦交渉などは一切行なわれなかった。

これが無条件降伏の形態であり、戦争当事国が相手側の全土を占領して、その政府が消滅した戦争終結状態であり、ルーズベルトの急死の跡を継いだトルーマン大統領は、米国が大戦初期から手痛い目に合わされてきた日本を、この形態で無条件降伏させるという意欲に燃えていた。

が、無条件降伏だけは絶対避けねばならぬという日本側の強い意志が、時の駐日大使ジョセフ・グルーらの尽力により、ポツダム宣言という停戦交渉案に結びつくわけである（以上、小堀桂一郎氏『もう一つの終戦詔書』）参照）。

条件付きのポツダム宣言を受諾した時点でも、日本には完全なる日本国政府が存在していたのであり、その意味においても、無条件降伏ではあり得ないのである。

八月十五日の昭和天皇の終戦詔書の放送、そしてまた占領軍の命令に従ったといえども、九月二日付けのポツダム宣言受諾誓約履行の詔書によって、大東亜の全戦闘地域の日本兵が、大きな抵抗もなく従順に天皇のご下命に従ったのである。これは、ひとえに明治天皇以来の「国際信義を遵守することによって国威を発揚する」先帝の御意志を昭和天皇も引き継いでおられ、また国民も道義としてそれを理解していたからである。

ところが、である。東京湾ミズーリ号上で行なわれた、降伏文書の調印式が終わった日の午後四時、GHQより発令された総司令部布告なる文書には、「日本帝国政府の連合軍に対する無条件降伏により」と明記され、マッカーサーの名で署名があった（前掲小堀桂一郎氏・著）。これを米国側の裏切りと言わずに何と言おうか？

遡って、日本が昭和十五年、ドイツ、イタリアと三国軍事同盟を結んだが、翌年十二月、真珠湾攻撃の三日後にこの三国の単独不講和の確約、すなわち単独では連合国と講和しないという協定を結んだ。

それについて『正論』九月号臨時増刊号の中西輝政氏の論文から引用しよう。

——日本は、単独講和をしないというこの約束を最後まで律儀に守り抜いた。その結果、日本は連合国と停戦するきっかけを失って最後までドイツと運命を共にし、無条件降伏を要求される状態になった。ところが、ドイツはスターリンと講和のための秘密交渉を一九四三年から四四年まで何度も試みていたし、英国や米国とも単独講和をしようとしていた。

イタリアに至っては一九四三年に連合軍がシチリア島から上陸してくると、国内のドイツ軍にまで攻撃を加えてムッソリーニをリンチの末に殺害し、それでいわば「落とし前」として、自分たちも連合国の一員だと言い張ったのである——

日本はそういう国々と国運を共にしようとしたのである。さすがに昭和天皇はその危険性を見抜いておられたようである。ドイツはソ連との不可侵条約も、自らソ連領ポーランドに攻め込んで、一方的に条約を破棄した違反の常習犯である。

幾多の歴史書にも明らかなように、先の大戦で国際法違反を繰り返したのは、日本ではなく、アメリカであり、ソ連であり、連合国側であったのである。

戦後、サンフランシスコ講和条約以降も、国家間の約束は律儀すぎるほど、国際信義を守り通すという武士道の精神を基底にした明治大帝の御理念が貫かれてきたのである。

西欧先進国が国際信義、道義にもとる欺瞞外交を展開してきた中において、これほど日本が国家として世界に誇れることがあろうか。日本の子供たちにこの事実を正しく伝えて行くのが、我々大人の責務である。

歴史を正しく教えよう

「琉球新報」八月三十日付け夕刊に「満州」と題する図解シリーズがある。この紙面の中ほど地図の右下隅に、「作戦地域」としての説明書きがあり、その中に「一九四五年四月にソ連が日ソ中立条約の破棄を通告してきたことを受けて」という記述がある。オヤッと誰しも感ずるだろう。

その年二月のヤルタ会談での秘密協定を楯に、米国の違法な原爆投下から二日後の八月八日、敗戦必至の日本に対して一方的に日ソ中立条約の破棄を通告し、宣戦布告して火事場泥棒的に千島列島を占領し、樺太、ソ満国境での民間人の虐殺を開始したのは、ソ連である。

その数カ月以前から、中立条約に基づいて日本は連合国との停戦交渉の仲介をソ連に依頼していた矢先のことである。

ソ連は戦勝国としての分け前に与《あず》かるために、敗戦直前の瀕死の日本に侵攻をし、非道なる振舞いに及んだのである。これほど人道にもとる国際法違反があろうか。

この事実を鑑みるに、琉球新報の記述は、ソ連の国際法違反の行動を弁護して、悪いのは日本だと、子供たちに刷り込もうとしているのであろう。

事実は、日ソ中立条約は一九四一年四月から五年間の、すなわち一九四六年四月までという有効期限付き条件で締結された。ソ連の対日参戦の代償として樺太南部と千島列島の割譲を約した、二月のヤルタ会談の密約の結果、有効期限一年前の一九四五年四月に、翌年期限切れとなる中立条約をソ連は延長しないと通達してきただけなのである。これは大きな違いである。もし条約の破棄を通達してきたなら、その後に日本がソ連に停戦の仲介を依頼するはずがないではないか。

この中立条約違反と、また戦後我が同胞六十万の将兵を十年間に渡り、極寒のシベリアで重労働に酷使し、その一割を死亡させた、国際法に違反した非人道的なソ連の振舞いに対して、マスコミが先頭に立ってロシアの正式な断罪を要求し続けるべきことではないか。日本にとって、まだ戦後は終わっていないのである。

これ以上、子供たちに誤った歴史認識を与えようとする試みは、絶対許してはいけない。

話は変わるが、福島の放射能汚染水の問題で、米国の基準では飲料水一リットル当たり一二〇〇ベクレル、西欧では一〇〇〇ベクレル以上を含むと汚染水になる。それが日本では一〇ベクレルという欧米の基準の一〇〇倍以上も厳しい値にしている。

これは民主党政権下で決められたとはいえ、専門家の意見が反映されていないはずはないが、この値のために、福島の人々は苦しい生活を余儀なくされている。欧米はＩＣＲＰ（国際放射防護委員会）が決めた基準を基にしている。また、国連の放射線科学委員会が福島周辺の放射線量は危険な状態にないと二度も宣言している（月刊誌『致知』二月号、田母神俊雄氏談）。

これらの事実を政府も報道機関も一切公表しないで、福島の人々がその犠牲になっている。平成二十四年、活断層の調査で専門家の東大教授が活断層だと示した地層を、見学者の一人が建物の構造物のコンクリート片ではないかと指摘したことがあった。

専門家が恥をかいたわけだが、いわゆる専門家は細部に専門的になるあまり、大局的な見地から見えない嫌いがある。専門バカという言葉があるように、自由に物が見える素人の見解を決してバカにしてはいけない。原子力の専門家ではない上智大学名誉教授の渡部昇一氏が、放射能汚染水は海に流せばいい、と持論を展開させている。海にはそれだけの浄化力がある、と言われる。放射線も少量ならばかえって健康に良いと、海外の識者の意見を引用しながら提言されるが、政府もほとんどのマスコミも取り上げないし、専門家からも何の反応もない。

また、昨年、放射線による直接の被害者はいない、とした自民党政調会長の高市早苗氏の正しい発言にバカなマスコミがすぐに食いつき、必要もないのに高市氏は発言を撤回せざるを得なかった。正しいことを言っても、報道すべきを報道しないマスコミが揚げ足取りをして、国民を誤った方向に導く、この腐ったマスコミの構図はいい加減、ぶち破ろうではないか。

国を守る気概――危機意識の欠如――

日本の文化勲章は蹴っても、ノーベル賞は尻尾を振って受け取った大江健三郎氏のように、「自衛隊員のところへお嫁に行くな」と檄を飛ばしたり、「自衛隊は同世代の恥辱だ」とまでののしった知識人や、活動現場の情報は報道せずに自衛隊の不祥事はことさら増幅して報道するマスコミや、自衛隊を敵視する一部の国民の投書などが、いまだに散見される。

日夜、国防に努力しておられる警察、海上保安庁や自衛隊の方々、その家族のご苦労に思いを馳せることができたなら、そのような文章は決して生まれなかったであろう。自衛隊を敵視する人たちに聞きたい。

北朝鮮や中国が今、外交能力がゼロに近い日本を与《くみ》やすしと見てミサイル攻撃をしてきたら、どうしますか。あるいは、数年前、米国で起こったと同じテロ攻撃が日本の民間航空機を使い、原子力発電所に突入する事態になっても、日本に武力は要らないと言えますか。

先の大戦後今まで、日本が戦争に巻きこまれなかったのは、占領軍から与えられた平和憲法のせいでは決してないのだ。

好むと好まざるとにかかわらず、日米安保条約の存在が抑止力になって日本は平和を保つことができたのである。

東海地震を想定した訓練も、救急救命病院の不断の訓練も、予測もできない事態が起きても即対応できるため、平時からの訓練の重要性を物語っているのだ。

国防にせよ、医療にせよ、警察、消防の皆さんが、我々の見えないところで日夜苦労されている方々がいるからこそ、我々は安穏として生活しておれるのである。そう思えば感謝こそすれ、「血税をどぶに捨てる」などと罰当たりな言動は口が裂けても言えないだろう。

国際情勢は、明日をも分からないからこそ、不断の地道な訓練が必要なのだ。

国を守ることに負の意識を植え付けるマスコミ

県紙（沖縄）の記事を見ていつも感ずることは、沖縄戦での記述が、日本軍兵士の残虐さ、住民を守らない日本兵に対して、チョコレートや菓子をくれる優しい米軍兵士、という構図である。戦争の語り部と称される人たちは、その結論として、米軍の方が良かった、というのである。

そのくせ、全国の四分の三という米軍基地負担とそれに伴う、騒音や事故、そして米軍兵士の犯罪に対して、米軍基地を撤去せよ、と叫ぶ。かつての日本兵を憎むあまり、現在の自衛隊に対しても憎悪をぶつける。そして、県紙は、不見識な自衛隊非難の投稿を頻繁に掲載する。過去数年間のそういう非常識な投稿に対して、反論の一例を引用したい。

(1)　陰鬱な自衛隊いじめ　本質から離れた幼稚さ

沖縄本島中部の市消防本部が自衛隊員を救急活動の業務で研修生として受け入れていることに対して、労働組合側が中止申し入れをした、と報道された。

消防隊も自衛隊も、不慮の事故や緊急事態に俊敏に対応するために日夜研鑽している。共通の目的を持つ組織同士が情報を交換し合ったり、訓練を共有することがお互いの技能技術の向上に役立つと私は考えている。

さらに、戦後平和憲法の下に言われなき差別で継子扱いされてきた自衛隊を民間が理解する良い機会であるとも思う。前述の労組委員長は、災害時等の突発的な時はともかく、日常的な業務の中で自衛隊との研修は問題だ、と述べているが、突発的な事故や災害によりよく対処するためには、日常的な訓練の積み重ねが不可避であるという基本的認識が欠如している。

自衛隊という名称に抵抗があるだけの言い訳に過ぎない。もっと大きな観点から考えられないものだろうか。自衛隊は、外国からの侵略に対する防衛のみならず、国内での災害救援、そしてまだ記憶に新しいオウム真理教の国家転覆計画のような反乱分子の殲滅《せんめつ》などの重要な任務を担っているのである。自衛隊員の成人式参加拒否や今回のような、小中学校のいじめと同レベルの姑息な手段はいい加減にして欲しい。

⑵　再び自衛隊頑張れ　平和ボケの害

県紙の投稿欄に掲載された自衛隊に関する記事で「血税をどぶに捨てる」という、この罰当たりな表現を掲載する方の品性も疑われるが、全く聞き捨てならぬ。

私の立場は、米軍基地完全撤去の上、日本国軍隊独自で国防を担い、かつての日英同盟のような対等の関係で当該国との安全保障条約を締結する、というものである。現在の自衛隊は、日米安保条約の下、米軍の補完的な役割を担うに過ぎず、独立した軍隊としては機能できない仕組みになっている。

戦後の日本は、一九六〇年の日米安保条約改定以後五十年以上も独立国家の基本としての安全保障の確立を先送りしてきたため、平和ぼけした日本人は、平和とだけ叫んでいれば平和が維持できるという幻想にいまだに浸っている。

自衛隊は第一義的には国を守る軍隊であり、軍事訓練をし、負傷兵の救助訓練をするのは当然だ。NHKをはじめ一部のマスコミの自衛隊に関する偏向した報道や、国を守る危機感さえなく、人権、人道を声高に叫ぶ人ほど、自衛隊を差別するという世の風潮に心から憤慨するものである。

自衛隊が開催するイベント等は、民間人との交流を通じて相互の理解を促進する努力として評価されこそすれ、決して非難される性質のものではないはずだ。

毎年冬の札幌で開催される雪祭りを思い起こしていただきたい。一カ月以上にわたり、汚れていない大量の雪の運搬、雪像の制作、そして天候の悪化に対応した管理体制など、国土防衛任務を犠牲にしてまで民間の行事に協力せざるを得ない隊員の人々に対して、感謝を表明する国民がどれだけいるだろうか。

最近では、平成二十三年三月の東日本大震災による被害者の救出、災害救助での十万人の隊員の活動をはじめ、各地での災害救助活動での昼夜を問わない任務に対して、感謝と称賛の声は増えてはいるものの、占領憲法による自衛隊の継子扱いは変わってはいない。

(3) 心なき自衛隊いじめ　筋の通らない抗議

平成十五年二月三日付け「琉球新報」朝刊で、自衛隊のイラク派遣に対する抗議行動の記事を見た。その中で、陸上自衛隊駐屯地で抗議文を読み上げ、文書を手渡す記事を見てまたか、と不快感にかられた。

誰がどういう意思表示をしようと原則自由であるが、抗議行動をするには正当な相手というものがある。派遣決定をするのは国会であり、政府である。自衛隊の人々は政府の方針に基づいて現地に出発するだけであり、自衛隊に向かって抗議行動をするのは、自衛隊員が成人式に出席するのを阻止しようとするのと、同レベルのいじめに過ぎない。

ただでさえ自衛隊の人々は現行憲法に違反すると思われている反面、死の危険を十分予知しながら、己の存在意義を求めてイラク派遣を希望する隊員が多いと聞く。我々はそういう隊員の方々の心情を慮《おもんぱか》って温かく送り出してあげたい。

日本人はいつから人の心情を思いやることができなくなったのだろうか。派遣反対であっても、個人攻撃のような卑劣ないじめはしてはならない。賛成派も反対派も正々堂々と行動すべきである。

(4) 卑劣な個人攻撃　恥ずべき行動

自衛隊員の成人式参加反対集会が毎年、那覇基地正門前で開かれている、という報道に不快感を覚える。自衛隊は違憲であるという立場もある。片や、自衛隊は国家防衛上不可欠な存在であり、防衛庁は省に格上げすべきだ、という立場もある。人それぞれ顔が違うように考え方も異なって当然である。自衛隊は違憲ではあるが、当面は災害救助の際には活用する、という無節操な政党もある。しかし、自衛隊員が成人式に出席するのを妨害するというのは、何と陰鬱な手段であろうか。集団で個人攻撃をしている。恥を知れ！

憲法第十九条で保障されている思想、良心の自由の侵害ではないか。自衛隊員は、日本国防衛のために日夜努力している。平和を叫び、自衛隊違憲を謳う人々から、有事の際の日本の国家防衛体制をどうするか、という国家として致命的な問いに対する見解を、寡聞にして聞いたことがない。

台湾を巡る中国の動きや、北朝鮮の理不尽な対応を見ても、緊急時体制に即刻移行できる国家体制が必要である。戦後、既に六十九年、いつまでも平和、平和とばかり叫んでいても平和は維持できない。

無制限の自由はありえない

米国連邦高裁判事のロバート・ボーク氏が平成十八年、『正論』十二月号の中で語っている。

――米国憲法が起草された十八世紀と現代のアメリカ社会において、「自由」と「権利」の意味が異なるものになってしまった。ジェファーソンやマジソンが独立宣言と米国憲法を起草した時、当時のアメリカ人が共有していたキリスト教倫理・伝統・道徳規範を守り続けることを当然の前提として、「自由」や「権利」の重要さを強調した。ところが、二十世紀のアメリカ社会では、これらの共通した倫理・伝統・道徳規範が衰退してしまった。共通した倫理と伝統を失い、「自由」と「権利」ばかりを主張する個人が自己満足だけを追求しようとする社会は恐るべき社会だ。こんなことになるとは、米国憲法の起草者たちは予想もしていなかった――と。

さらに、「秩序と道徳の存在しないところには、自由も存在しない」と述べ、「自由」というものを「秩序と道徳」によってバランスさせる必要性を強調している。戦後の日本人が占領憲法によって誤導されて失った教えがここにある。

一九六〇年代から、「自由社会においてこそ、国民が共有できる道徳・伝統・秩序が不可欠の要素である」と主張し続けてきた、まさに、このボーク氏の言葉こそ、日本人が再認識しなければならない、含蓄のある表現である。

戦後の日本社会は、権利を主張するあまり、義務を疎《おろそ》かにしてきた。それと並行して、自由を標榜しつつ、その絶対的前提条件である、「秩序と道徳規範」を置き去りにしてきたのだ。

その結果が、現在の日本の姿に投影している。援助交際の女学生に、「私の自由でしょ」といわれたら、「社会秩序と道徳規律を守れないものには、自由はないのだ」ということを、大人がしっかりと教えてやらねばならない。

そして、一番の誤りは、この社会秩序と道徳規範というものを、強制とか、押し付けという誤った語彙《ごい》で捉えて、子供たちを誤導している教育関係者やマスコミの存在である。

社会秩序を維持するために、法があり令がある。政府なり、地方自治体が定めた法令を遵守することが、まず、社会秩序を維持するための前提である。昨今の教員の国旗・国歌に対する態度や、必修科目を履修していなかった高校の問題など、個人の自由ばかりを重んじ、法令を遵守するという社会人としての基本をないがしろにしてきた結果である。

マスコミの誤った報道操作

「インドネシアの人々は皆、オランダ三〇〇年の植民地支配より三年間の日本の統治のほうが苦しかったと恨んでいる」と、志位共産党書記局長の発言をＮＨＫがニュース（二〇〇五年十二月)で報じた。

これに関して、神戸市の同志の先輩から寄稿をいただいたので以下に引用する。

――問題がいくつかある。「インドネシアの人々は皆……」という結論を出すためには、複雑な統計手法を要する。ここでは「私が会った人は皆……」というのが正しいだろう。インドネシアの華僑で共産主義者ならば、志位局長に阿《おもね》るために日本を貶める発言をすることは当然である。また、三年間の日本統治の間に、少数の心無い兵士の行為がインドネシア人のプライドを傷つけたであろうことも想像できる。

一方、白人の植民地支配の三五〇年間に、白人の利益に繋《つな》がる産物のみを生産させ、食糧不足のため飢え死さえ出たことなど、遠い歴史のかなたに霞み、今時の若者には無縁の事柄かもしれない。

「数百年にわたり、ゴム、錫、香料、コーヒー等をただ同然で持ち帰り、高値で売りさばいて莫大な財産を蓄積した欧州の宗主国は、現在その道を断たれた。大東亜戦争がなかったならば、今でもそれが続いていただろう」(マハティール元マレーシア首相)

このような歴史的事実を知らない世代が増えてきていることも考えられる。

現在シンガポールの国民一人当たり総生産は、英国本国のそれを上回っているという。これは大東亜戦争の結果にほかならない。

大東亜戦争開戦の一カ月後、オランダ領セレベス島メナドに落下傘降下してオランダ軍を降伏させた堀内豊秋海軍中佐（当時）の事績について、もっと知られていいと思う。

中佐は現地の有力者を集め、「軍紀を厳正にするので、安心して仕事に励むように」と伝え、税金をオランダ時代の四分の一にし、製塩法を教え、学校・教会を建てた。部下には住民、特に女性に対する暴行を厳禁した。住民はすっかり心服し、三カ月後、中佐転勤の折は、住民総出で六十キロの道程を見送ったほどであった。しかし終戦後、オランダ軍は堀内大佐（当時）を戦犯として銃殺刑に処した。

「日本兵に道路工事使役をさせられている白人を見た東南アジア人を、元のように扱うことは不可能だ」（チャーチル）

オランダ人もさぞかし悔しかったことだろう。

平成四（一九九二）年一月十一日、セレベス島で堀内大佐を敬愛して止まない人々の尽力で、「落下傘部隊降下五十周年式典」がメナドで開かれ、州知事を始め多数の住民と日本から参加した一二〇人を加えて、昔覚えた日本の歌が次々と歌われ、感動的な式典だったという。

オランダの戦犯裁判が報復であったことの何よりの証拠ではないか（「靖国」五一九号）。

マレーシアとシンガポールでも戦争中の日本軍に対する恨みが今なお残っていると唱える向きがある。東南アジアの華僑は、白人宗主国の代理支配の立場にあった。大東亜戦争の結果、華僑はその地位を失い、時には現地人から報復の迫害を受けることもあった。華僑が日本軍に恨みを抱くのは当然である。

リー・クアンユー元シンガポール大統領が「日本軍には恨みがある」と述べたのも、シンガポール以外の東南アジアでは彼の人気がないのも、彼が華僑の故である。

大東亜戦争開戦直後、マレーシア、シンガポール在住の華僑がレジスタンスを熱望して、英軍に武器の供与を願い出た。故国の蔣介石政権への忠誠心からである。英軍司令官のパーシバル将軍は、「民間人に累を及ぼすから、絶対にレジスタンスを実行してはいけない」と厳命した。しかし、一部の華僑が制止を振り切って実行したため、多くの犠牲者が出た。

終戦後、当時のレジスタンスに死刑を宣告した日本の裁判官が、英国軍の法廷に被告として訴追されたが、結果は無罪であった。ハーグ陸戦条約の当然の結果である。これは著名な評論家日下公人氏の父君の経験である。

シンガポールの「血償の塔」に我が国の元首相や、「元衆議院議長が献花をしたことは、「慰霊」が目的ならばともかく、「謝罪」の意志を表明したならば、認識不足に加えて、国益を害する非国民的行為である。

華僑の、しかも共産主義者と会って話せば、全員が反日の姿勢であるのは当然である。志位局長の談話は、彼の歴史認識の程度の低さが露呈されたと同時に、ＮＨＫの偏向振りが明らかになった逸話である。（以上引用）

連合国の戦争犯罪を告発する

広島・長崎に原爆投下された後、ソ連の火事場泥棒的参戦の翌日、御前会議で、断腸の思いで受諾せざるを得なかったポツダム宣言の十三条からなる、その五条には「吾らの条件は右の如し」として六条以下にその条件を列挙している。

これは、連合国が提示する条件を日本が受諾することによって発生する相互の権利と、義務を約した双務契約としての条約であり、決して日本が無条件降伏することを一方的に要求するものではない。

ところが、その第十三条の「吾らは日本国政府が直ちに全日本国軍隊の無条件降伏を宣言し……」の条文が意図的に利用されて、九月二日の東京湾で戦艦ミズーリ上で行なわれた終戦協定を調印以後、「降伏文書」と呼ぶことによって、連合国側は、日本が無条件降伏したのだ、という戦略転換に出たことはすでに述べた通りである。

連合国の占領行政の第一の欺瞞がここにある。日本は無条件降伏をしたという報道をするマスコミが今でも後を絶たず、占領軍の謀略に洗脳されたままの日本人が、悲しいことにいまだに多い。

ドイツはその五月、ヒトラーの自殺により無政府状態になり、連合国に無条件降伏をせざるを得なかった。だから、連合国にいかようにされようとも文句の言える状態ではなかった。が、日本はポツダム宣言を受け入れるかどうかを交渉する厳とした日本政府が健在であったからには、政府が無条件降伏をするはずがない。ただ、十三条にある軍隊の無条件降伏を宣言する、すなわち軍隊の武装解除を宣言することと同義なのであって、政府が無条件降伏をしたわけではない。

日本はポツダム宣言の条件を受け入れ、同時に連合国自体も、この宣言の条項に拘束されるのは当然である。ところが、後述するように連合国は、次々とポツダム宣言に対して違反行為を重ねるのである。

無条件降伏したのだから、日本は何をされても文句はいえない、という連合国の謀略に騙《だま》されて、洗脳されたまま現在に至っている日本人がいかに多いことか。

第八条に、「日本軍隊は武装解除後、各家庭に帰り……」と明記されながら、実際、ソ連がやったことといえば、戦後十年近く、厳寒のシベリアに六十万の日本兵を抑留し、酷使して六万の日本人が餓死させられたのである。これなどは、ポツダム宣言違反以前の人道的な見地からも、国際法上許されるべきことではない。

次に第十条では「言論、宗教及び思想の自由並びに基本的人権の尊重は確立する」ことを羅列しながら、連合国の課した占領行政はどうであったろうか。

日本が積み上げてきた伝統、教育をすべて否定され、占領軍の気に入らぬ人間は公職追放され、神道指令により宗教さえ否定され、公共の言論、出版は厳しい検閲を受け、出版禁止などの言論統制が占領軍により実施されたことは、周知の事実である。

GHQは完全にポツダム宣言違反の政策を実施してきたのである。さらに明治四十年のハーグ条約（国際陸戦法規）の第四十三条には、占領地の現行憲法を最大限尊重すべきことが明記されているが、連合軍は、大日本帝国憲法を破棄し、マッカーサー憲法と呼ばれる憲法を日本国民に押し付けた。

また、第十八条の信教の自由に対しても、神道指令を発令して、日本人の宗教を蹂躙したのである。このように、連合軍は、終戦時には、主要都市への絨毯《じゅうたん》爆撃や、広島長崎への原爆投下など非戦闘員の大虐殺を始め、幾多の戦争犯罪を犯しながら、占領行政においても幾重にも国際法違反を重ねてきたのである。その自らの犯罪を糊塗するために、慰安婦問題や南京虐殺をことさら、非道に脚色して日本を悪者に仕立て上げることに奔走している勢力に対抗して、我々日本人は国際裁判所において、連合国諸国に人類史上非道極まりない戦争犯罪の裁きを受けさせるべきである。

典型的な偏向報道

平成十八年四月十三日付け「琉球新報」の「金口木舌」欄を読んで、怒りと失望を禁じえない。

この日は、記者自身が我が子の小学校の入学式に参列し、国歌斉唱の時に、腰を下ろして座っていた事実を記している。子供が親のそういう姿を見てどう感ずるかという視点がない。「なぜ今の時代に日の丸・君が代が推進されるのか。教育基本法が改正され、憲法改正に向けた国民投票法も成立しようとしている中で、疑念は強まるばかりだ」と書いている。

あくまでも、国旗・国歌を戦争に結び付けたい記者の心情が読み取れる。なぜ今の時代にというが、いつの時代でも、世界中のどの国でも、国の象徴である国旗・国歌を尊重するのは、当たり前のことではないか。

国民投票法案も、憲法第九十六条では憲法改正には、各議院の総議員の三分の二以上の賛成で、発議することができ、その後、ようやく国民投票になる過程は、何も代わることがない。特別に定める国民投票において、その過半数の賛成を必要とする、と憲法にも明記してあるのだから、野党がなぜ反対するか分からない。

テレビの報道によると、ドイツでは戦時中九十パーセントの国民が、国民投票でヒトラーを支持したという。戦後はそのために国民投票法を廃棄したという。にもかかわらず、戦後のドイツ国民は、戦争の責任をすべてナチス政党にかぶせ、国民は被害者気取りでいるのは、まったく理解できない。それはともかく、何でもすぐ戦争に結び付けて反対しようとする野党や、マスコミの論調にはうんざりする。

国旗・国歌の尊重

「沖縄タイムス」三月十八日付け投稿欄にも、三月二日の論壇の「日の丸・君が代の強制はいじめ」の記事にも、同様に看過できない一文がある。

「米国では国歌を歌わない自由も、国旗を焼き捨てる自由も認めている」という一文である。是非、この法律の出典を知りたいものだが、ウェブサイトを検索しただけでも、米国では国旗の尊重義務及び侮辱に対する罰則も連邦法で規定されている。その他ドイツ、イタリア、中国、韓国でも国旗侮辱に対する罰則が規定されている。

米国で「国旗を焼き捨てる自由も認めている」という箇所は事実無根の記事である。このような真実に基づかない記事を掲載して恥ずかしいと思わないのだろうか。子供たちも目にする新聞記事の影響は、計り知れないものがあることを是非認識すべきだ。

正しいことを伝承するのが大人の義務である。思想・信条の自由や人権ばかりを強調する前に、国民としての最低限の義務を遂行する姿を、子供たちに見せるのが、我々大人の義務である。

こんな占領憲法が保証する自由と平等でさえも、無制限には許されないことすら分からないのか。「公共の福祉に反しない限り」と但し書きがあるのが見えないのか。要するに、「社会の秩序と規律を乱すような自由と平等は許されない」ということなのだ。

占領軍の刷り込みや、日教組の教育に毒されて思考停止の状態に陥ったまま、いまだに歴史も日本の誇るべき伝統も学ぼうとさえしない、気の毒な人々の典型的な発想である。

こういう人が多い日本は、まだ普通の国にもなれないなとつくづく感ずる。中国や韓国と異なり、日本人は自国は元より他国の国旗を焼くなどという野蛮な品性の欠如した行為はしない。

慰安婦や南京虐殺などあることないことをでっち上げ、外国にまで慰安婦の銅像を立てて日本を攻撃するような卑劣な行為をすることなど、性根の悪い民族の考えることは、我々の理解の範囲を超えている。冗談ではない。こんな卑劣な民族と日本人を同列に論ずるな！

三光作戦——唾棄すべき名称——

十月十八日付け「琉球新報」夕刊のコラム「南風」欄に元日本兵が、数年前に中国政府に招かれ、抗日戦勝利六十年大会に出席したという記述がある。それも四十六名もいたという。シベリアや中国の捕虜収容所に十数年も抑留された人々である。

周知の事実であるが、厳寒のシベリアで飢えと、重労働による酷使のため亡くなった人々は六万とも十万とも言われている。生き残った人の中には、ソ連兵士に取り入り共産主義に洗脳され優遇された元日本兵は、舞鶴港に帰還した時には、大声で「コミンテルン万歳」を叫んで、心ある日本人を嘆かわしめた、と元将校が手記に書いている。

満州人六十一名、日本兵一〇〇〇名を収容した中国の撫順戦犯収容所では、食事などで日本兵捕虜は官吏より以上に優遇されて、共産主義に洗脳された後、日本に帰還した後も、中国への忠誠を誓っている日本人？　がいるらしい。こういう人々の言うことをまともに取り上げること自体がおかしい。

それも大勢の人が目にする新聞紙上である。「三光作戦」という、日本語にはありえない語も、そういう洗脳された元日本兵が広めたものに違いない。

沖縄の基地反対運動や与那国島、石垣島などの中国が虎視眈々と狙っている尖閣諸島周辺の国防体制構築という国の方針にさえ反対する住民は、中国と内通する人々以外には考えられない。

那覇市に中国の象徴の龍柱を国からの一括交付金二億五〇〇〇万円を使って建てるなどとは、真っ当な日本人なら考えられることではない。中国に買収された政治屋ばかりでなく、白昼堂々と中国からの資金援助で、反日的活動が沖縄では進行していることを県民は知るべきである。

第三章——国連は戦勝国クラブだ

人権主義者に乗っ取られた国連——国連を見限れ——

後述する非核三原則と同列に、石頭の政治家たちが陥っているのが国連信仰・国連至上主義である。その国連の憲法ともいうべき国連憲章が、いまだに第二次大戦時の連合国が拒否権を行使できる常任理事国であり、日本、ドイツ、イタリアなど七カ国の枢軸国が敵国条項と言われる、第五十三条と一〇七条により拘束されている。

一九九五年の国連総会において、旧敵国条項の削除の決議が圧倒的多数で採択されたにもかかわらず、依然として憲章の改正は行なわれていない。なぜか。常任理事国の一国でも拒否権を発動すれば改正できないからだ。

また、分担金を滞納しがちの米国は、国益に合わぬと見れば、イラク戦争に見られるように、国連を無視する。その上、中国は旧連合国でもなかったし、存在もしていなかった。中華民国（台湾）の権利を横取りしたに過ぎない。こうした戦後処理さえできていない国連憲章は、非条理な拒否権の存在も含めて、即刻改正されるべきである。

第二に、国連の政策が偏向していることである。

一九八九年の国連総会で、子供の権利条約が採択された。日本政府は、これを一九九四年に批准したがために、国連人権委員会の監視の下に置かれ、三年に一度の状況報告が義務づけられているのである。

最近でも、たとえば豊島区で子供の権利条例が制定された。内容を読んでみると、なぜ、こんなものを条例化しなければならないのか、と理解に苦しむ。子供をちやほやし甘やかせる環境を作り、それに協力しない大人を罰する、という意図のようである。区議会というものは、よほど暇人の集まりで、都民の税金をこんな無駄遣いするきり能がないのか、と思われる。

日本には、国防・教育問題はじめ、重要な施策をせねばならない問題が山積しているにもかかわらず、である。

最近明らかになった事案でも、児童を虐待し死に至らしめた事件が頻発し、関与した児童相談所や、教育委員会がまったく機能していない実態が露見した。怒りを覚える行政の失態である。

同じことが、一九七九年の国連総会で採択された「女子差別撤廃条約」にも言える。日本は一九八五年に批准し、そのための法整備の結果が、「男女雇用機会均等法」であり、さらに一九九九年に制定された、悪名高き「男女共同参画社会基本法」である。

この二つの法律は、女性や子供の権利がいちじるしく侵害されているような開発途上国においては、成果を挙げているのは否定できない。しかし、女性・子供の権利がすでに確立されている先進国においては、家庭や、天賦の男女の性差などの伝統的価値観を崩壊させる方向に向けられているのは、日本における現状を見れば明らかである。

ところが、世界中のほとんどの国々が批准しているこの二つの条約を、米国は批准していないのである。アメリカ政権に大きな影響力をもつヘリテージ財団のフェイガン上級研究員は、国連の社会政策を厳しく批判し、

「これら二つの条約には、良い部分もたくさんあるが、これらの条約によって推し進められていること、とりわけ国連人権委員会と解釈委員会が各国の状況に関して三年に一度報告しながら推し進めていることは受け入れられない。これらの報告書の中で推し進められている社会政策は破壊的なものだ。ジェンダー理論は国連の事務局の中に急速に広まっており、すでに地上部隊を整えて位置につき、軍備を固め、発射準備を完了しているように見える。

国連は世界のあらゆる国に対して、法律や教科書を書き換えるように働きかけ、特にアフリカやラテンアメリカの開発途上国に圧力をかけている。これは、一国の社会事情と主権に

対する侵害であり、何かまったく別の目論見があると見なければ意味をなさない。今の国連の戦略は、条約を常に再解釈し、その中にある言葉を無限に再解釈しながら、世界中の国々の文化的規範を変えていこうと目論んでいる」（二〇〇二年一月、米国ワシントンでの国際会議で）と述べている。

自由と正義を標榜する米国だけに、さすがに条約の真意を見抜いていると言える。国連に対して一定の距離を置いて、常に自国の国益のために冷静に判断する米国の態度を日本政府も学ぶべきである。

ところが、日本の場合、政府と国民とが潜在的に、国連を信奉しすぎるあまり、国連の政策に盲従し、国連を牛耳っているフェミニストが推進する世界文化破壊を推進する手助けをしているのである。恥ずべきことである。

●国連を脱退せよ！

第一次安倍政権の頃だが、民主党の小沢代表が、テロ特別措置法はイラク攻撃が国連の決議によるものでなく、米国一国の政策を日本が支持しただけに過ぎないから、国連の決定に従うべきだとして、別の切り口から、この法案の反対を打ち出してきた。

さらに、国連の決議さえあれば、アフガニスタンのＩＳＡＰにも自衛隊を派遣できるという。国連を、日本国憲法よりも上位に置く国連至上主義を採る民主党は、国政を担うに足る政党であろうか。国連というものはそれほど信頼できるものなのだろうか。

そもそも国際連合の成り立ちは、第二次世界大戦中に遡る。昭和二十年四月から六月までサンフランシスコで開催された、国際機構に関する連合国会議において五十カ国政府代表によって、国連憲章が起草された。ちょうど、沖縄本島に米軍が上陸し、鉄の暴風に曝《さら》された県民と日本軍が悲惨な状況に陥り、沖縄防衛の第三十二軍が壊滅した時期である。数年前、国連決議なしで米英軍に攻撃されたイラクは、昭和二十年十二月に加盟した、原加盟国五十一カ国の一つである。いわば旧連合国の一員である。

すでに記したように、国連憲章には、旧敵国条項と呼ばれる、五十三条と一〇七条がある。旧敵国とは言うまでもなく、第二次大戦中、連合国の敵（枢軸国）であった日本、ドイツ、イタリアなど七カ国を指すが、これら諸国が国連憲章などに違反した軍事行動を起こした場合、旧連合国は国連決議などの拘束力に優先して軍事制裁ができると、五十三条は明確に旧敵国を差別している。

安保理の決議を経ずに攻撃に踏み切った米英は、イラクに対して旧敵国条項を適用したとも言える。安全保障理事会は常任理事国の旧連合国五カ国と、任期二年の非常任理事国十カ国によって構成される。安保理の決議は理事国十五カ国のうち五常任理事国を含む九カ国の賛成票が必要である。常任理事国が一国でも拒否権を投じたら決議は否認される。この旧態依然とした体制が、戦後六十九年になる現在まで有効に存在している。

第一〇七条は、第二次大戦の終戦処理のために連合国が行なった講和条約などの措置を国連憲章が無効、排除するものではないと規定している。憲章起草の時期を勘案すれば、これは明らかに東京裁判を始め、アジア各地で行なわれた復讐劇ともいうべきBC級戦犯裁判の構成を念頭においている。

このような条項を依然として掲げている国連に昭和三十一年に八十番目の加盟国として、米国の二十五パーセントに次ぐ、二十パーセントの分担金を日本は支払い続けねばならぬのか。

その米国も、分担金を滞納しながら、実質上、国連を支配し、今回のイラクの査察継続か攻撃かの議論の過程で明らかなように、自国の意のままにならぬ時は、国連の存在を無視する。しかも国連憲章を改正しようともしない。すべての旧敵国が国連加盟国となり、旧敵国条項は死文化しているがゆえに一九九五年十二月の国連総会において、旧敵国条項の削除を求める決議が、賛成一五五の圧倒的多数で採択された。にもかかわらず、今に至るまで国連憲章の改正は実現されていない。なぜか？

十九年前の総会で圧倒的多数で決議された旧敵国条項の削除が、なぜ今に至るまで実現されていないのだろうか。

まさに、これこそ国連の最大の欠点である、安保理常任理事国による拒否権の発動の結果である。憲章の第一〇八条には改正に関して「総会で三分の二以上の構成国の賛成と安保理常任理事国の全てを含む安保理事会の三分の二以上の賛成」が必要と明記されている。常任理事国の五カ国の一国でも拒否権を発動すれば改正ができないのである。

言うまでもなく常任理事国のすべての国は日本の旧敵国であり、日本をいつまでも敗戦国の地位に留めておきたいと思えば、拒否権を発動するだけである。とすれば、国連はその名が示すとおり旧連合国の集まりであって、旧連合国の国益を優先するための拒否権が与えられている。一方、旧連合国と対峙した枢軸国の日本やドイツ、イタリアなどに拒否権はない。

米国は口先では正義と平等を謳いながら、その実、旧敵国を明らかに差別している。したがって、国連はいまだに旧連合国のための組織にほかならない。

米国に次いで日本は二番目に多くの分担金を負担している。すなわち、他の四カ国の常任理事国よりも多くの分担金を負担している。その上、前述したように、国連の各委員会は女性や子供の人権に関して頻繁に内政干渉を続けている。

米国が分担金を滞納しつつ、自国の国力を過信するあまり国連を軽視するのとは対照的に、いまだに旧敵国として扱われながら過大な分担金を払い続け、国連中心外交を信奉する日本は滑稽な存在である。小沢氏も恥の上塗りをするような言動はいい加減やめてもらいたい。そうでなくとも、民主党に政権担当能力があると思う国民はほとんどいないのだから。

国連を軽視する米国をたしなめ、辛口の意見を呈してこそ真の独立国家であり、尊敬される同盟国であり得る。ごますり人間は相手にされないのは国際間でも同じだ。国連中心外交を貫くなら、憲章の完全改正と安保理の枠組みの改組なくして、これ以上の分担金の支払いは拒否すべきである。

さらに、多くの国が受諾宣言国ではない国際司法裁判所などは、今のままでは有名無実に過ぎない。そんな国連に、日本は根本的な組織の改編がない限り莫大な分担金を払い続ける必要はない。

歴代政府の怠慢、国防意識の欠如

日本の国土は大きくない。領土面積は三十八万平方キロ、世界で六十位という。しかし、領海と排他的経済水域を合わせた海洋面積は日本が世界第六位になる。ところが、この広大な海域の主権的権利を守る法整備がまったくできていない、という法治国家として恥ずかしい事実を知らされて愕然とした。

国連海洋法条約が批准したのが、日中韓ともに、一九九六年である。その条約で、領海を従来の三海里から十二海里に拡張し、新しく排他的経済水域（ＥＥＺ）の二〇〇海里を定めたのである。その結果、我が国の海洋面積が前述のように、世界六位になった。

ところが、中韓でさえ、以来、海洋政策の法整備を着々と進めてきた一方、日本では、いまだに海洋基本法さえ整備されず、領海侵犯に対しても、一九七七年に制定された領海法にさえ、違反した外国船舶の処罰規定がない。その結果が、北朝鮮の工作船、中国の調査船や潜水艦などの横着三昧の行為を容認してきたのだ。これでは国が守れない。海洋条約批准後、十年以上を経た現在でも、海洋政策の法整備と執行体制の構築において、中国・韓国に大きく水を開けられている現況は、まことに情けない現状である（「有名無実の海洋大国でいいのか」『明日への選択』八月号参照）。

こういう国防体制の法整備の不備が、あちこちに散見される一方において、男女共同参画や子供の人権法など、不要不急ばかりでなく世に害をもたらす法整備の方が優先されてきたとは、いかなることか。

眼を転ずれば、昨今の公営の水泳プールの排水路への蓋の不備や飲酒運転事故が公務員の間でいっこうに減らない問題など、国と地方公共団体のレベルの違いこそあれ、公の職務を担う者としての認識がまったく欠如している。

心のタガが緩んでいる。

国防意識を目覚めさせよ！

国連総会の席上、北朝鮮代表が「日本は血をもって償わねばならぬ」と激した調子で叫んでいるのをテレビ報道で観た。

その数日後、北朝鮮外務省は核実験を実施するという声明を発表した。台湾当局によると、中国福建省に配備されている中距離弾道弾は、昨年には八二〇基に増え、このうち一〇〇〜二〇〇基は沖縄を標的としている。しかも、最近の韓国政府は、米韓連合軍の戦時統括権を返還せよ、と米国に迫り、数年後に返還が合意された。ということは、米軍が韓国より撤退するということである。そうなると、朝鮮戦争の悪夢が再現する恐れが充分にある。

そして隣の台湾では台中投資が七十パーセントに達し、大陸中国と台湾の経済の一体化がますます進展し、総統選挙の結果いかんでは、中共に飲み込まれないとは保証できない状況である。そんな周辺各国の慌《あわ》ただしい動きから、沖縄に眼を移すと、迎撃ミサイルの搬入に反対し、宮古島への陸上自衛隊基地の増強という国土防衛策にも反対している。

憲法前文に、迷文で有名なくだりがある。

「平和を愛する諸国民の公正と信義に信頼して、我らの安全と生存を保持しようと決意した」

田中英道氏によると、この中の「平和を愛する諸国」とは、当時のソ連を始めとする社会主義国の意と解することができる。

当時の米軍の中枢部には、かなりソ連共産党のスパイがいたことが、現在では明らかになっているから、この解釈もまんざら的外れでもあるまい。

我々は、そんな平和憲法を、半世紀以上も後生大事に拝んできたお人好しの国民である。

北朝鮮や中国の弾道ミサイルの標的にされても、基地反対、自衛隊反対、平和万歳と叫び続け、気がついたら他国の占領下で虐殺されつつある、というそんな事態などは想像したくもない。

前述したような中国、北朝鮮、韓国、そして台湾の情況に加えて、ロシアが日本漁船攻撃やサハリン2プロジェクトの一方的な中止通告に見られるように、かの国は相も変わらず国際信義にもとる信用できない国柄であることが明らかになった。そんな周辺諸国の現状を見て、沖縄の基地機能強化反対などと、なぜ言えるのだろうか。子供たちのためにも、国土を守るという意識が皆無なのだろうか。

十月七日の報道では、琉球新報社のパトリオットミサイルの沖縄への配備について県下四十一市町村長を対象にしたアンケート調査結果では、配備に反対が八十六パーセントにも上っている。彼ら首長たちは、基地騒音がどうの、戦闘機の事故による被害が大きくなる等々、県民の生活に関わる悪影響を排除したいことを優先していることは理解できる。

しかし、もし一朝有事の際に、国土を守る備えがなかったなら、どういう結果になるかを想像して欲しい。国土防衛体制は、一朝一夕には整備できないことを知るべきである。

世の中には、必要なこと、大事なことがたくさんある。その中から、現状を緻密に分析して、どれを優先させるか、という判断を下すのが、首長たる者の最大の責務ではないだろうか。住民は常に生活を第一義に考える。それが正しくないこともある。住民の意見を単に代弁するだけでなく、大局的な見地から下した判断に、住民を説得することに、首長としての見識と胆識が問われるのではないか。

米軍と自衛隊が時々「離島奪回」と称する合同演習をするが、不思議な話だ。奪回するということは、既に敵に離島が占領されたことを想定している。

なぜ、占領される前に離島を防衛する訓練をしないのか。そして、その国防訓練に尖閣諸島を舞台にして、なぜ実施しないのか。と言うと、すぐ中国を刺激するから、という答えが返ってくる。

慰安婦問題についても、なぜ河野談話を見直さないかと問われれば、韓国を刺激しないように、という。相手国を刺激しないことばかり考えて、外交ができるか、国防ができるのか。日本が実効支配していることを世界に示すためにも、尖閣諸島に自衛隊を常駐させ、離島防衛訓練を適時に実施すべきだ。当然、中国が反発する。それを恐れていては国防もできない。河野談話も破棄する。当然韓国が反発する。それを恐れていては、いつまで経っても日本の名誉を回復できない。

踏ん切りをつけるべき時には、断固、敢行する。

それなくして、戦後体制からの脱却はいつまで経ってもできない。

今までのように、摩擦を恐れて事なかれ外交ばかり続けていたのでは、戦後体制からの脱却は永遠にできないだろう。

（原爆死没者慰霊碑・広島市）

●パール判事の警告

ここで是非、思い起こしていただきたいのは、戦後の昭和二十七年十一月に再び来日したインドのパール判事が、広島の平和都市記念碑（原爆死没者慰霊碑）に刻まれた例の文言「過ちは繰り返しませぬから」を見た後、講演で、

「日本人が東京裁判によって不当に歪められた罪悪感を引きずり、卑屈で退廃的な国民になるのを恐れる」

と述べられた事実である。

まさに、パール判事が憂えたとおりに、戦後七十年近くを経た現在でも、社会を蝕《むしば》んできた卑屈と退廃を代表する、これら政治家の態度にはっきりと表われているではないか。大人たちのこの腐った態度が、純朴な子供たちを毒することを、最も憂うるものである。

この視点なくしては、教育再生もあり得ない。

世界中の人々が参集する場に、戦後七十年近くにもわたって晒されてきた、この屈辱的な碑文を撤去せずには、日本の戦後体制からの脱却は始まらない。

同じように日本の魂の退廃を示す不愉快な事例をもう一つだけ引用する。

時は四半世紀遡る。

昭和六十四年は七日きりない。昭和天皇が崩御されたからである。平成元年一月二十八日付けの世界日報という統一教会系の邦字新聞に「上昇気流」というコラム欄がある。アフリカの片田舎で土建業を営んでいた当時、近所で養鶏場を営んでいた友人が読み終わって持ってきてくれた新聞が、ラジオの短波放送と共に、我々の日本に関する貴重な情報源であった。

そこに昭和天皇陛下の御崩御に対して、外務省発表の各国の服喪状況が詳細に記述されている。立憲君主国の王室をはじめとして三十一カ国が半旗を掲げ、三日から三週間の服喪期間が設けられた。その後の報道によると、御大葬の儀に、各国元首あるいは高官が出席した中に南アフリカ共和国の代表がいた。それを見咎めた黒人アフリカ諸国の代表らが、時の首相に食って掛かった。南アのような人種差別政策を掲げる国の代表とは、同席できないという。

首相は、自分は知らされていなかった、と弁明し、法務大臣に至っては、次官が怠慢で連絡を疎かにしたと責任を転嫁した。この顚末を聞いた時、日本政府の卑屈な対応に愕然とした。昭和天皇の御大葬の儀に当たっても、この不甲斐ない態度はなんだ。アフリカ人にも情けなくて顔向けできなかった。

「御大葬の儀は、主義主張の場ではない。昭和天皇のご冥福を祈るために来てくださる方は、主義主張に関係なく歓迎するのが日本人として当然の儀礼だ」と、逆に彼らをたしなめることが、なぜできなかったのか。

国家の代表が、あんな恥さらしな言い訳をしたことで国威を貶めたのは否めない。安岡正篤師のような指南役がいなくとも、抗議に対してこの程度の正論での切り返しは、政治家なら常識の範疇に属することではないか。

くたばれ！　非核三原則——卑屈な政治家たち——

第一次安倍政権の時の十月に北朝鮮が行なった核実験に際して、故中川昭一自民党政調会長の発言に対するマスコミや他の政治家の発言ほど、日本の島国根性を露呈したことはない。これほど常識的な発言が、これほど異常な反応を起こす、日本の政治家の程度の低さに、我々庶民を唖然とさせたことはない。中川発言に対しての米国、中国のすばやい反応が、外交的にも時宜を得た、的を得た発言であることを証明している。

まず、政治家というものは、刻一刻変わる世界情勢に対して、日本の防衛はどうあるべきか、外交はどうあるべきか、と常に国際的な視野からの現状分析を怠らない態度が必須である。それを北朝鮮の暴走に対して成す術もなく、核議論さえ封じ込めようとする政治家の真意は那辺にあるのか？　その時点で、日本の大半の政治家はすでに失格である。「非核三原則」を「国是」と奉り、変えてはいけないもののような、硬直した考えの政治家の存在は、税金のムダ使い以外の何物でもない。

「非核三原則」の「持ち込ませず」を、「国是」だというような議員は即刻辞任せよ！　これが事実上、守られていると思っている議員が存在するとは思えない。司馬遼太郎氏が生前、「日本人はつくづく不思議な民族で、観念が思考より優先する」という意味の言葉を残した。

この非核三原則を考えると、まさに司馬さんの言おうとしたことがピッタリ当てはまるではないか。こういう形骸化した原則だけを守って、あたかもマッカーサー憲法を金科玉条の如く奉る姿勢と酷似した態度は、誇りある我が日本を衰退に導くばかりである。

この国は大丈夫だろうか？と　薄ら寒く感じたのは、自分だけだろうか？

中川氏はただ、「周辺国が核武装している現状で、日本は、いかに核防衛をするか、核について論議をするべき時だ」と至極当然のことを言ったに過ぎない。

この発言を支持した麻生外相の罷免まで要求するような狂った野党の面々も出る始末である。

自民党内の国対委員長の二階氏は、「誤解を招きかねない発言で、立場を考えろ」という。反日の先鋒である江沢民の銅像を建てると言った彼らしく中国の太鼓持ち然とした発言で、中国が怖くて、核の議論さえ日本はできない、と白状しているに過ぎない。こういう認識でよく当選してきたものだ。投票した人々も恥もないのだろう。こういう政治家は、日本の恥だから、即刻辞めるべきだ。

しかし、他国に遠慮して議論もできない、というこの発想の卑屈さはどうだろう。日本には、こういう人間が国権の最高機関に棲息しているのである。

民主党の鳩山幹事長に至っては、「議論自体、日本国民として許されない」という。これが、日本の政治家の発言とは、とても思えない。いや、むしろ日本の政治家らしいというべきか、他国の政治家では考えられない発言だ。こういう硬直した思考の持ち主が多い党で、選挙目当てで本音を語れない政治家と、社会の底辺で日銭を稼いで生活している我々のような庶民の声との、この落差は何か。

天はいずれの意見を是とするか、自ずから明らかである。

日本が世界で唯一の被爆国であることと、核武装を議論することとは、まったく別問題である。それを一国の政治家が、被爆国民を傷つけるからなどと感傷的に、感情論になるだけでは真っ当な議論にもならない。

では、この非核三原則なるものは、いつできたのか？

昭和四十二年、佐藤栄作首相の「核を作らず、持たず、持ち込ませず」の発言以来だが、「持ち込ませず」はその後ニュアンスが変わり、米国原子力潜水艦も核を持って日本に入港しない、というおかしな話になったまま、誰もそれを不思議と思わず、今日に至っている。まじめな議論がなされていない。

あらゆる選択肢を議論するのが国政を担うものの最低限の義務である。

それを、最初から、一つの選択肢をタブーとして議論を封じ込めるなら、それはもう、全体主義国家であり、共産党独裁国家と同じではないか。

今でも、この非核三原則を守るなら、米国の艦船が日本を守るために核兵器を持ち込めないということである。核兵器で攻撃してくる敵に対して、どう対処するか、という議論すらも、国会ができないとしたら、何のための国会議員か？

莫大な歳費を国民の税金で賄って料亭で飽食し、つまらぬ選挙対策の議論に浪費するだけなのか。

いい加減にして欲しい。

こんな政治屋どもばかりで、日本が「国家戦略を持った国」になれるのか！

核抑止力の早急の整備を！——政治家の怠慢を糾弾する！——

●原爆復讐権を持つ日本

雑誌『正論』二月号で、渡部昇一先生が引用している。

――ある意味では、日本は世界で唯一、原爆を使用する権利のある国だとも言える。東京裁判で日本側の弁護に立った米国人弁護士は、「日本人を人道に対する罪で裁くのはおかしいではないか、原爆投下こそが人道に対する罪であり、原爆を製造した人間、運搬した人間、投下した人間も皆分かっているのに、その罪を問わないのはおかしいではないか」と主張した。さらに原爆を投下された以上、日本には「復讐権」があると述べたのである。それはウエブ裁判官も否定しなかった。したがって法理的には、日本はアメリカに対し原爆を使用する復讐権を保留している、と言える――

中川昭一氏がいたら、今度は記者会見で、これをはっきりと宣言していたかもしれない。それを聞いた場合のアメリカの顔を見たいものだ。それが外交と言うものではないのか。中川氏に限らず、数多くいる国会議員の中で、そのくらいのハッタリをアメリカに向かってかませるような、骨のある人間が皆無とは、さびしい限りだ。

●小学生並みの議員たち

小学生のスマートフォンの使用が問題になっているが、これは選良といわれる国会議員の話である。

平成十八年一月八日付け「産経新聞」の「溶けゆく日本人」と題する連載物の中で、「議場でメール、注意も無視」と昨秋の臨時国会開会中に幾人もの議員が、携帯電話をもてあそぶ写真が載っている。国民のみなさん、この小学生のような節度のない人間が、国会議員として禄を食《は》んでいるのです。国防に関する議論をしようといえば、日本は核の議論をしてはいけない、なぞと言うのは、みんなこの種の議員に違いない。

そんな議員たちに「日本はいかにして核抑止力を、保有するか」というレベルの議論がまじめにできるはずがない。

幼児性が国会議員の世界にまで蔓延している日本の情況は、まさに危機的だ！

北朝鮮と日本の核武装――即刻、核武装に着手せよ――

六カ国協議が大方の予想通り、日本と北朝鮮の間で行き詰まったままである。北朝鮮が核保有国として自認する以上、以前より強気に出てくることは目に見えていた。それに対して、日本の多くの政治家たちは、核の議論すらしてはいけないなどと言っているから、北朝鮮に頭から舐められて、交渉になるはずがない。北朝鮮と同じ民族である韓国と日本を除いては、協議国は核の保有国である。四カ国の保有国に包囲された日本はどうするか。

三月十九日、作業部会冒頭で、米国はマカオ銀行に凍結していた二五〇〇万ドルを解除した。もちろん北朝鮮が核開発を停止するという前提条件の下に、である。では、北朝鮮は核開発を停止するであろうか。停止しているかどうかをどのように確認するか、という具体的な手続きの問題になってくる。

まず言えることは、約束をしても北朝鮮は核開発を停止しない、ということである。もし、停止した、廃棄したと彼らが主張しても、それを完全に確認する術はないし、もし、廃棄しても、いったん核開発で成功した技術は設計図上には残ることであり、いつでも必要に応じて、再開発が可能だ、という厳然たる事実がある。

以前から核廃絶、世界から核兵器をなくそうという運動があるが、原子力発電所などの核の平和利用と核兵器の開発は、原理的には同じもので、諸刃の刃である。いったん核兵器を保有した国が、核拡散防止を謳うのは、まったく大国のエゴ以上のものではない。お互いに核廃絶を約す条約を結んでも、狐と狸の化かし合いで、結局、最後まで核を隠し持っていた「ならず者国家」が勝ちを占めることになる。だから、核廃絶は画餅に過ぎない。

北朝鮮が核武装することは、まさに「キチガイに刃物」である。そんな国を「平和を愛する諸国民の公正と信義に信頼して安全を保持しようと決意する」という他人任せの、そんな憲法を護持するのは世界広しと言えども、日本以外にない。

もういい加減、能天気から脱却しないと国家が崩壊してしまう。

今こそ日本は即刻、核武装に踏み切るべき時である。

●米軍は日本を守らない

基地反対を叫ぶ人々も、日本の国防をどうするかと問われてまともに答える人はいない。彼らは要するに日本を攻撃する国なぞない、と哀しい思い込みをしているに過ぎない。要するに、現安保条約で有事の際には、米軍の核兵器が日本を守ってくれると潜在的に依存しているから、ただ、ダダをこねて基地反対を叫んでいるに過ぎない。

だから、国防という問題に正面から向き合おうとしない。マスコミも多くの政治家もみな同じだ。国際ジャーナリストの伊藤貫氏によると、

「米中両国は一九六〇年代から核ミサイルの増産競争を実行してきた。米中両国は現在でも、チベット、ウイグル、イラクにおいて、国際法違反の侵略戦争と戦争犯罪行為を実行中である。しかも米中両国間には、一九七二年二月から現在まで、『東アジア地域において、日本にだけは核抑止力を保有させない。日本の自主防衛政策を阻止するため、米軍は日本の軍事基地に駐留し続ける』という反日的な密約が維持されている」

ということになる。

また、最近の閣議でミサイル迎撃システムに関する緊急対処要領を決定した。これは日本周辺に展開するイージス艦が迎撃ミサイルを発射して大気圏外で迎撃し、打ち損じたら地上

のパトリオットが狙う二段構えというが、このパトリオットの射程は二十キロというから、事実上使い物にはならないではないか。それすらも、沖縄では配備反対してきたのだが。

また、伊藤貫氏によるとミサイル防衛システムの実験は、あらかじめいつ、どこへ向けてどのくらいの速度で、というプログラムのもとでやっているに過ぎない、だから、実際の核攻撃に対しては対処できない、というのである。

●日本が核抑止力を持つ方法

ではどうするか？

日本が自主的に核抑止力を持つことであり、駆逐艦と潜水艦を基地とする核弾頭付巡航ミサイルを二〇〇〜三〇〇基配備することだと、伊藤氏は提案する。

核抑止力を持つということは、日本が独自で核兵器を保有することを意味しない。「産経新聞」の湯浅博氏によると、その方法はいくつかあり、「米国の核ミサイルを国内に配備する」方法で、冷戦下の欧州で、ソ連のミサイル配備に対してドイツが米国の地上発射巡航ミサイルを導入したため、ソ連は自国の弾道ミサイルを撤去せざるを得なくなった経緯がある。

もう一つは、「有事に米軍の核爆弾を譲り受ける」方法であり、広島大学の原理氏が提案しているこのNS（核共有）という方法は、六〇年代に米国とNATO（北大西洋条約機構）加盟国のうち、ヨーロッパ大陸非核保有国五カ国が核爆弾を共有する条約である。冷戦が終了した現在でも、条約も訓練も維持されている。非核保有国は、平時は核爆弾に接触することはできないが、平時に訓練を受けることにより、戦時には核爆弾を効果的に使えることになる。

原氏は日米の「核の共有」をより有効にするために、米国の核ミサイル潜水艦に海上自衛隊隊員が乗り込み、熟練度を増して有事に備えることを提言している。日本の憲法にもまた、核拡散防止条約にも抵触せず、日本が核抑止力を保有するには、この方法以外ない。今すぐ、着手すべきである。拉致問題の解決にも、是非とも必要である。

軍事力の背景なくして外交力はあり得ない。

原爆投下と憲法——能天気が国を滅ぼす——

第一次安倍政権の時、長崎原爆の日、その式典の席上、市長が「非核三原則を法制化せよ」と訴えていた姿が報道された。

安倍首相もまた、「非核三原則を堅持して云々」のあいさつをした。

この国は、「北朝鮮から核ミサイル攻撃を受けた後でないと目覚めることができないのか」とやるせない気持ちにさせられる。日本だけが非核三原則を守って何になるのだ。それを法制化することが、日本を自縛し、身動きの取れない硬直した国家になることが予測さえできないのだろうか。

広島での平和式典に参加した核保有国は、ロシアただ一国である。核保有国は、彼らの核軍備を決して減らそうとはしないし、非核国が核保有することに対して反対する「核の仲良しクラブ」に過ぎないのだ。

また、世界遺産にしようという人もいるほどの「平和憲法」も冷静に見れば、これほど国民を馬鹿にした憲法もあるまい。

前文にある「日本国民は、恒久の平和を念願し、人間相互の関係を支配する崇高な理想を深く自覚するのであって、平和を愛する諸国民の公正と信義に信頼して我らの安全と生存を保持しようと決意した」の第二節目は、憲法第二章の「戦争放棄」以下を導くための伏線になっており、アメリカを始めとする「信頼できる諸外国」に安全と生存権を委ねて、属国的立場に甘んずるという独立の気概を放棄した内容である。

これを被占領国民意識といわずして、何と呼ぼうか。

アメリカ、ロシアも中国、韓国、北朝鮮と同様、海を隔ててはいても隣国である。彼らが平和を愛する諸国民といえる所業をしているであろうか。我ら日本の安全と生存を委ねることができるほど、信義に厚い諸国民であろうか。

答えは明白である。北朝鮮の拉致問題に関する態度、中国・韓国の反日政策、そして軍備の果てしなき増強、そしてアメリカの反日的転換だけを見ても、日本が今なすべきことは、核三原則を守ることでもなく、三年以上掛かる憲法改正を頼むことではないことが、明瞭ではないか。真の意味での独立独歩の国家であるためには、前文だけに限っても完全に破棄しなければならないことが、必須条件である。

こういう憲法を七十年近く後生大事に仰ぎ続け、いまだに「護憲」を叫び続けている人々は、日本の真の独立を願う人々とは、とうてい思えない。サンフランシスコ講和条約の時、全面講和を叫び、ソ連の参加なしには講和条約締結反対として独立に反対した人々とまさに同類である。

この破棄すべき現憲法下でも、核武装することは、憲法違反にはならない。しかし前述した理由で、現憲法を廃棄し、新憲法制定と核武装は早急に推し進めるべき課題である。

世界に向けて「日本が核武装する」と明言するだけで、世界が変わる。

世界を変えようと思ったら、まず自分が変わらねばならない。

原爆を正当化する米国に告ぐ――人権や人道を言う資格があるか！――

原爆の日の夜、広島に原爆を投下した爆撃機の航空士と原爆を発明した科学者が発言する様子を報道していた。

何十万の人間を殺したことに対して心の痛みはないのか？　と問われて、二人とも、「悪夢など見たこともない」と平然と言い捨てる米国人には、一片の良心さえ感じられない。彼らは人間の皮をかぶった悪魔か、六十年以上も自己欺瞞をしてきた不幸な人間だ。

また、原爆症認定訴訟で日本政府を相手に被害者が訴訟を起こすことも、不思議な話だ。なぜ、原爆を落とした張本人のアメリカに対して損害賠償を求めないのか。

そして広島市長が平和宣言の中で、米国のみを名指しで非難しながら、北朝鮮の核実験に対しては沈黙を守る態度は、この平和宣言を、特定の政治目的にのみ利用しようとしていると言われても反論できないだろう。

一方、式典には四十一カ国からの代表の参列があったが、核保有国の参列は、ロシア一カ国だけであったという峻厳なる事実は、何を意味するのだろうか。

特に米国は、原爆投下が正当だと思うなら、なぜ堂々と出席できないのか。自分たちが殺した人々に哀悼の意を捧げる心さえも持ち合わせていないのか。そんなアメリカが日本の慰安婦の人権を非難決議するなどとは、言語道断、「身のほどをわきまえよ！」と、怒鳴りつけたいのである。

悪魔の所業——国際法廷で裁かれるべきは米国だ——

以前、ベトナムで現地取材した番組があった。

ベトナム戦争でアメリカ軍が使用した大量の枯葉剤がもたらした大勢の異形児の話である。八〇年代初めに報道された、結合双生児という、双子の兄弟が一体となって出産されたニュースを覚えておられる人も少なくないだろう。そのベト君とドク君が七歳の時に分離手術が行なわれた。兄のベト君は、いまだに脳障害のため寝たきりで、弟のドク君は、障害がありながら医療技師として仕事をしており、明日結婚するというのである。そのドク君の相手のベトナム女性を見ていたら、人間的になんとすばらしい女性だろうか、と輝いて見える彼女に感激した。

普通の女性だったら、重い障害を持ったドク君を見るだけで逃げ出すだろう。市場で小売りするお母さんの手伝いをしながら、ドク君を助けて生涯を生きてゆこうと決めた、そのけなげさに、最大限の賛辞と祝福を捧げたい。見事な天の配剤というべきだろう。

問題は、ベトナム戦争から四十年以上経った現在でも、遺伝により、次々と奇形児が生まれているという事実である。米国はこの責任から逃れることはできない。さらに、米国建国当時以来、原住インド人を虐殺し、日本では民間人の大虐殺、原爆投下による大量虐殺、ベトナム戦争での枯葉剤散布により、いまなお苦しむ人々が生まれている。それでも、アフガニスタン、イラク戦争と留まることなく、殺戮《さつりく》を重ね、かの国の血塗られた歴史を更新している。それに抵抗するものを、悪の枢軸国やらテロリストと断罪し、自分を常に正義の使者として位置づける。

こういう身勝手がいつまで許されるか。

国際法廷に彼らを引きずり出して、天の裁きにかけるべきである。政府は日米同盟があるから、それはできないというなら、それは間違っている。日米安保条約と過去の罪を糾弾することとは、まったく別問題である。人道に反する犯罪を犯してきたのは、アメリカであり、ロシアであるのだ。

日本だけが正当な戦争行為を裁判にかけられ、断罪された東京裁判は、まったく不当極まりない。その東京裁判がいかに国際法違反であっても、現実に日本人同胞が戦犯という汚名を着せられ、処刑されたのである。

片や、ホロコーストの戦争犯罪を重ねた連合国が、断罪もされずに生き残っている事実は、神が許すはずがない。

日本は、全世界に向けて主張し続けよう。

第四章——子供たちに継承したい日本史

建国の詔の精神

わが国の国史書である日本書紀に記されているように、神武天皇による『皇都経営の詔《みことのり》』の中で「あめのしたをおおいていえとなさむこと（八紘一宇）」という「世界を一つの家族とすること」という意味の日本建国の理想が、イエス・キリストが生まれる遥か以前に宣言されている。

その崇高な肇国《ちょうこく》の理念が、歴代天皇の大御心に受け継がれて現代の日本に繋がっている。古代の世に仁徳天皇が高殿からご覧になって民衆のかまどから炊事の煙が上がっていないのを見て、年貢を減免されたという故事にあるように、天皇の大御心は常に国の民と共にあり、人々が安寧であれ、そして世界が平和であるように祈ってこられたのだ。

推古天皇の摂政であられた聖徳太子が著わした『十七条憲法』の第一条にある「和をもって尊しとなす」も日本の建国以来の「世界平和・人種平等」の理念に相通じる。また第十七条の「事は独り断ずべからず。必ず衆とともに論ずべし」は、明治天皇の五箇条の御誓文の中の「広く会議を興し、万機公論に決すべし」に継承され、建国の精神が脈々と受け継がれて、現代に至っていることを示している。この歴史的事実を、日本人はしっかりと認識する必要がある。

占領軍が戦後日本に民主主義を導入したかのようなことを言う向きがあるが、日本ではアメリカ建国より遥か千百年以上前に、聖徳太子が民主的な政道を示しておられるのだ。

我が国の歴史を振り返ると、大化の改新、建武の中興、そして明治維新に見られるように、神武天皇の建国の理想にそぐわない社会の偏重に対して、王政復古の王道に立ち戻ろうとする復元力が常に働いてきた。

幕末には米国を始め、白人諸国の砲艦外交で開国を余儀なくされた日本は、西洋列強に対抗するため王政復古を実現し、明治新政府を樹立した。この時期、李氏朝鮮王朝も清国も末期的症状を呈しており、明治維新で一足先に近代化に成功した日本に倣《なら》って、清国では孫文が、朝鮮では金玉均らがそれぞれ祖国の近代化を進めるために動き出したのだ。彼らを経済的にも政治的にも援助したのが興亜会や玄洋社の大アジア主義の志士たち、頭山満を始めとする内田良平、宮崎滔天ら在野の志士たちであった。副島種臣、犬飼毅らの政治家や「脱亜論」以前の福沢諭吉も頭山満と共に、アジア各国の独立の志士たちを支えてきたのである。

日本を王政復古に導いた幕末の志士たちの次の世代である、大アジア主義の志士たちが、アジア各国の民族主義者たちと連携し、大東亜の共存共栄圏を目指す戦いが始まるのである。

孫文、金玉均、そして、インドのビハリ・ボース、ベトナムのクウォン・デ、フィリピンのリカルテ、ビルマのウ・オッタマ、蔣介石等々、数多くの、亡命を余儀なくされ頼るべき当てもないアジアの志士たちを、陰に陽に支援した興亜論者の人々の熱情が、日本政府の現実的な政策と時折対立しながらも、アジア諸国独立の、偉大なる起爆剤になったことは誰も否めない事実である。

後述するように、大東亜戦争では、アジア各国の民族主義者たちは日本軍に協力しながら、西洋植民地政権を追い出してゆくのである。

●人種差別主義者の蛮行

人類の歴史の大半は民族相互間の相克だ。特に十五世紀以降は西洋諸国、白人諸国の有色人種に対する虐殺・搾取の歴史であり、つい最近まで続いていた。

南北アメリカ、中東、アフリカ、そしてアジア、これら地球上の大半の有色人種が白色人種の心無き支配に甘んじてきた事実を、人類はしっかりと噛み締め、咀嚼《そしゃく》する必要がある。

「西洋列強がいかなる有色人種支配をしたか。ポルトガルによるチモール島の支配の例を挙げよう。彼らは原住民には文字を教えず、農耕用鉄製品の所有さえ極度に制限した。叛乱の武器に転用されることを恐れたからである。そして白人絶対の教育を徹底させた。白人は日常生活でも絶対の威厳を持って上に立ち、平等意識の芽を摘んだ。反抗する住民には処罰と投獄が待っていた。オランダ人でもフランス人でもイギリス人でも、アメリカ人でも同じことだが、植民地では使用人に何か与える時、手で渡すことはなく、床に投げ捨ててそれを拾わせた」と評論家の日下公人氏が書いている（『日本人の志はどこへ行った』参照）。

会田雄次氏は、英軍に捕虜になった生活を著書『アーロン収容所』にこう描写している。

「イギリス兵は捕虜に足で指示したり、あごをしゃくって指示したりする。女兵士の部屋に掃除当番に入ると、全裸で鏡の前で化粧している女兵士は、日本兵捕虜だと分かると、全く無視して平然としている」

すなわち、彼らにとっては有色人の捕虜は人間ではなく、存在さえも無視するのである。存在を無視されることは、いじめられる以上に人間にとって屈辱である。そんな理由もなき白人絶対の社会が十六世紀以来、最近まで続いてきた。

そして、二十世紀初頭に新生日本が白人ロシアを日露戦争で撃破した事実は、世界中の有色人種を欣喜雀躍させ、白人社会を震撼させたことには想像を絶するものがあったであろう。それが世界各地で白人の植民地支配に喘《あえ》ぐ有色人種の民族自決の魂に火をつけたのだ。

さらにその三十六年後には、欧米諸国が経済封鎖に踏み切る中、わが国土・国民の自存自衛のために大東亜戦争に突入した日本が、緒戦の数カ月間でアメリカ、イギリス、オランダを叩きのめした戦績に興奮したアジアの民族主義者たちは、「今こそ我々が自主独立する時だ」と覚醒したのはまさに時勢であり、日本がその時勢の端緒を拓いたのである。

しかし、歴史には常に光と影の両面がある。

日露戦争に辛うじて勝利し、ポーツマス講和条約を締結して帰国した小村寿太郎全権に対して、時のマスコミは「屈辱的講和条約反対」だとして国民を扇動し、日比谷の焼き討ち事件で米国大使館や、十数カ所の教会を焼き討ちする大騒動を引き起こすのである。扇動され易く、調子に乗りやすい日本人の悪しき国民性が露呈した。

その後の第一次大戦では、漁夫の利を獲るが如く戦勝国に名を連ね、ますます図に乗って西洋列強の一員になったかの如く振舞う。そんな日本を憂えて、大正十三年、孫文は神戸の聴衆を前に、「西洋覇道の手先となるか、それとも東洋王道の牙城となるかは、日本国民が選ぶことだ」と日本人に警告を鳴らした。平素は謙虚でありながら、時々傲慢になる日本人の習性が、特にその後の中国戦線で影を落としていく側面も否めない事実である。

一方、終戦の年の三月からの米軍爆撃機による、日本の主要都市への絨毯爆撃・何十万同胞の住民虐殺、そして八月には、ウラニウム、プルトニウム爆弾を交互に使った広島、長崎への人体実験としての原爆投下は、人道にも悖《もと》る国際法違反の暴挙であり、また我が同胞六十万人を不法にも、シベリアに十年近くも拘留し酷使し、六万人を死に至らしめたソ連の暴虐に対しては、いまだに歴史の裁断が下されてはいないのだ。

中国戦線では、ソ連をはじめ欧米列強がすべて蔣介石政権を援助し、反日包囲網を築く中、日本の同盟国であったドイツでさえも中国の軍事顧問として軍事指導をし、蔣介石政権に軍事物資を援助し続けた事実を、はっきりと歴史のページに残さねばならない。

●アジア諸国独立の戦い

真珠湾攻撃とほぼ同時期に、マレー半島に上陸し、進撃を開始した日本軍は英印軍を撃破し、降伏した英印軍のインド兵を捕虜にしつつ進む。三度の食事は日本軍将校全員が捕虜と同じテーブルで食事をしながら、藤原少佐は、「共にインド独立のために戦おう。我々は諸君の同志である。この戦争はアジア解放戦争である」とインド兵捕虜たちを感激させた。

破竹の勢いで南下した日本軍は、三カ月後にはシンガポールを陥落させた。

二月十七日、ファラパークの広場に集まった投降した英印軍のインド兵、四万五〇〇〇人に向かって、陸軍特務機関、藤原機関の藤原岩市少佐が演説をした。「我々は、君たちを捕虜としてではなく、友人として認める」と呼びかけると、インド兵の間から帽子やいろんな物が投げられて熱狂的な雰囲気になったと、元藤原機関の国塚一乗氏が証言されている。翌年七月には、チャンドラ・ボースがインド国民軍の司令官に就任し、独立への道を固めたのである。

昭和十八年十一月に、東京でビルマ、フィリピン、インド、タイ、満州国、中華民国と日本の代表が一堂に会して、大東亜会議が開催された。そこにはボースもインド仮政府の代表として出席していた。

この大東亜会議において採択された大東亜共同宣言には、「欧米列強のアジア諸国への飽くなき侵略搾取を非難し、大東亜各国は共存共栄、自主独立、相互の伝統を尊重し、人種差別を撤廃し世界の進運に貢献す」と謳っている。

これはまさしく日本の建国の理念と軌を一にするものである。

遡って第一次世界大戦のパリ講和会議の席上、米国のウィルソン大統領が提唱した国際連盟規約に、日本は「人種差別撤廃条項」を盛り込むことを提案した。賛成多数であったにもかかわらず、議長のウィルソン米国大統領は、重要事項の決定は全会一致でなければならないとして葬り去ったのだ。

しかし、時は移り、南アに初の黒人大統領マンデラ氏が選出されて以来、約二十年を経てようやく米国では、初のアフリカ出自のオバマ大統領が実現されたことは、日本が神武天皇開闢《かいびゃく》以来主張してきた「世界一家族」「人類平等」の理念に世界が近づきつつある証左である。

中国戦線で国民党政権を支援して欧米列強が物資を輸送していたのが、ビルマからの「援蔣ルート」であった。このルートを遮断するために日本はビルマの民族主義者に接触し、独立闘争を支援したのが、将校の鈴木敬司率いる「南機関」である。海南島の特別訓練所で厳しい訓練に耐えたアウン・サンを始め、ビルマ三十人志士が誕生する。

一九四三年八月一日、日本は軍政を廃止し、ビルマの独立を宣言したものの、日本の敗戦後、再び英国の統治下に戻り、一九四八年一月四日、正式に独立を果たす。その三十人志士の出身であったネ・ウィン大統領は戦後、ビルマの独立式典に多数の日本軍人戦友を招待し、元南機関の六名に最高栄誉称号を贈った。

次にインドネシアの場合を見てみよう。

他のアジア諸国と同様に日本が日露戦争でロシアを破った事実に覚醒され、民族主義者団体が日露戦争後に結成された。大東亜戦争開始後、日本軍がインドネシアに進攻した際、日本軍がまずしたことは、現在の紅白のインドネシア国旗をいたるところに掲げ、現在の国歌「インドネシア・ラヤ」を放送し、「日本軍は征服者オランダを駆逐して、インドネシアの独立を助けるために到着した」と宣言した。

たった十日間でオランダを降伏させた日本軍は、タンゲラン青年道場でインドネシア青年を教育・訓練し、祖国防衛義勇軍（ペタ）を創設した。

また、日本軍政下で、官吏学校、医科、農科の各種専門学校を創設し、総計で十万名のインドネシアのエリートを教育したのである。日本が少しでも侵略する意図があったなら、現地住民の育成向上に、これほど力を尽くすはずがあっただろうか。これは、台湾の場合でも、朝鮮半島、満州、ビルマ、インド、マレーシアでも日本軍が現地住民の、特に青年たちの教育・訓練に熱情を傾けた事実は変わらないのである。

欧米列強から経済制裁を課され、海外資産を凍結され、国民の生活にまで苦渋を強いられた日本には、資源・物資を求めて海外に進出した戦略上の必要性は当然あったであろう。が、それ以上に最前線の日本軍の将兵たちの心には、アジアの有色人種の国々を、白人の支配から独立させる熱い崇高な想いがあったことは、誰しも否めない事実である。

日本敗戦後の八月十七日、インドネシアは独立するが、イギリス、オランダ軍が再び、植民地化しようと上陸し独立戦争が勃発した。しかし、日本軍に教育訓練されたインドネシア人は昔の彼らではなかったのだ。懐かしい祖国、日本帰還を袖に振ってまで残留を決意し、インドネシアの独立のためにインドネシア人と共に戦った日本軍将兵が一五〇〇名近くおられた事実を決して忘れてはならない。この事実こそ、明瞭に日本軍将兵の崇高な思いを体現したものであろう。

まさに「大東亜戦争」の名がふさわしいが、占領軍はその名称を使用禁止し、「太平洋戦争」という名称を日本国民に強要したのである。

「大東亜戦争」という名称は、アジアの植民地を白人から解放した意味になる。だから日本が植民地解放戦争を戦ったことを連合国は認めたくなかったのだ。それを認めたら日本は侵略国ではなくなり、東京裁判が成り立たないからである。「八紘一宇」も同様だ。世界平和を建国の理想とする国柄は、東京裁判にふさわしくないから禁止したのである。

オーエン・ラティモア博士が、「大東亜戦争の歴史的意義は欧米植民地支配機構を一掃したことである」と述べているように、日本が人種差別という地球上の枠組みを根底から覆し、欧米列強こそが侵略主義の権化であることを暴露したわけである。白人支配の地球を変えた日本に対して、連合国は憎しみを募らせる。

GHQは占領期間七年間に、日本を「悪の枢軸国」として世界と日本人の脳に刷り込むためにあらゆることをしてきた。原爆投下の残虐さを糊塗するために、南京大虐殺をでっち上げた。まさに白人の復讐劇である東京裁判もその一つだが、国際法上違法であり、人道的にも許せない非道な裁判であることが、現在では定説になっている。正義と公正を標榜する大国がそういう卑劣な策を弄するのである。

ただ、日本人だけが、いまだにその呪縛から逃れられない人が多いことは、現実の政治の世界を見ても明らかである。それではあまりにも情けないではないかと、かつての留学生が次のように嘆いている。

●建国の精神にもどれ

マレーシアでは、独立運動組織としてのマラヤ青年同盟が一九三七年に結成された。シンガポール陥落後、日本軍はシンガポールに昭南興亜訓練所を設立し、東南アジア諸国の青年を教育訓練した。また、南方特別留学生制度を設け、マラヤ、スマトラ、ジャワ、フィリピン、ビルマなどから二〇〇人を留学生として受け入れ、民族自決、祖国独立の心意気を養うのが目的である。

その中の一人がマレー人のラジャー・ダトー・ノンチックであった。彼は敗戦後の日本から英軍によってシンガポールのチャンギ監獄に投獄されたが、その後インドネシアの独立戦争にも参加した。痛ましいことに広島の学校にいた二十人以上の留学生のうち、九人が八月六日の原爆投下に遭遇したのである。白人諸国はどこまで有色人種の生命を奪えば気がすむのだろうか。マレーシアはその後、マラヤ連邦自治政府を経て、一九五七年、マラヤ連邦として独立し、ノンチックは政府の中枢で活躍した。

ノンチック氏は政界を引退した後、「日本人よ、ありがとう」という詩の中で、「かつて日本人は清らかで美しく、親切で心豊かであった。……だが、今の日本人はどうしてこんなになってしまったのか」

と身につまされる嘆きの内容を綴っている。

「かつて大アジア主義を信奉し、アジアの同志たちと連携をしてアジアのために尽くした日本人が、今はあたかも白人の一員になったかのように振舞い、民族の誇りを失って謝罪ばかり繰り返す政治家たち、また経済界は自分の会社だけが繁栄すればいいような身勝手な日本人ばかりになってしまった。日本人よ、かつては我々を厳しくも温かく導いてくれたではないか。昔のように胸を張ってアジアをリードする誇りを持て」

と我々に語りかけているのだ。

また、台湾人の楊素秋氏も、その著書『日本人はとても素敵だった』の中で、日本統治時代の、

「日本の兵隊さんたちは優しかった。日本の教育はすばらしかった。しかし、アメリカの後追いばかりする今の日本はどうなってしまったのか。日本人よ、しっかりせよ」

と語っている。

山で道に迷ったら原点に戻ることだ。国家としての道に迷った日本は、まず建国の精神に立ち戻ることから始めねばならない。

開戦前の昭和十六年九月の御前会議の席上、昭和天皇が明治天皇の御製である
「四方の海みなはらからと思ふ世になど波風の立ち騒ぐらむ」

を引用されて、よりいっそうの戦争回避に向けての外交努力を示唆された。この明治天皇の御製にも明らかなように、神武天皇の建国の詔の「八紘一宇」の精神が連綿と継承されていることが分かる。こういう日本の国柄を、堂々と誇りを持って子供たちに伝えていくことが大人の責務だ。

温故知新という言葉があるが、日本民族が使ってきた言葉を振り返れば、八紘一宇、大東亜共栄圏、教育勅語、みなすばらしい理念を包含している語である。にもかかわらず、過去

に白人の占領軍が使用を禁止したというだけの理由で、いまだに我が国人の言葉として日常生活に復帰させえないのは、民族の誇りを失ったことに等しい屈辱ではないだろうか。

今まで見てきたように、アヘン戦争より大東亜戦争までの一〇〇年間は、日本が富国強兵・殖産興業に邁進した結果、アジア民族を搾取し侵略してきた白人諸国に痛打を浴びせ、アジアの民族と共に起ち上がり、アジア諸国が独立を勝ち取った誇るべき歴史である。

しかしながら、戦後七年間の米国の占領下体制の中で、徹底的に日本の伝統と歴史、精神文化が破壊・解体された後、サンフランシスコ講和条約で主権を回復した後も、あたかも米国の保護国のような状態が続いてきた。

欧米の物質文明に毒され、日本古来の豊かな精神文化をないがしろにした挙句、教育の荒廃、政治の貧困、国防意識の欠如等々、これでは自律した主権国家とは言いがたい現状だ。かてて加えて日本を取り巻く内外の情勢は、危機的状況にあり予断を許さない。

我々が今なすべきことは、日本とアジアの解放のために命を捧げられた英霊に感謝と哀悼の誠を捧げ、神話を母体にした正しい歴史教育を復活し、我が国の建国の詔の初志に返り、自主憲法を制定し、自らの手で国防体制を築き、他国に干渉されない、真の主権国家を造ることである。

第五章——日本の戦争（マレー半島、シンガポール、インドにて）

大東亜戦争開戦

昭和十六年十二月八日、日本の連合艦隊は米国のハワイの真珠湾に奇襲攻撃をかけた。駐米日本大使館の手違いで宣戦布告の通知が少し遅れたものの、米国が後々に至るまで日本を非難するような「騙《だま》し討ち」では決してなかった。さらに米軍側は日本海軍の暗号をすでに解読していて、連合艦隊の動きを逐一察知していたのだ。知らなかったのは、ハワイの太平洋艦隊の司令官以下、現地の人たちだった。米国は敵を欺くにはまず味方から、を地でいっていたのである。

戦争は誰でもしたくはない。日本も戦争をしたくてしたわけではないのだ。米軍を率いていたマッカーサー将軍が、戦後米国の議会で証言しているように、「日本が戦争に突入したのは、資源が何もない日本が、連合国側の経済封鎖により南方からの資源の輸入の道を断たれたため、止むを得ずして踏み切った安全保障上の必要」があったからだった。

この開戦から三カ月前の九月、参謀本部の藤原少佐が密命を受けて、タイのバンコック大使館付き武官の田村浩大佐の下にやってきた。その密命とは敵の英国軍に属するインド人兵に対する工作活動をすることである。当時インドは英国が統治していたため、インド人は英国軍に組み込まれて英印軍として戦っていた。

日本では関が原の戦い（一六〇〇年）があった年に、イギリスはインドに東インド会社を設立し、豊富な労働力を利用してインドから大量の綿花を安価に輸入して、織物産業を発達させた。そして綿織物を逆にインドに輸出したために、インドの綿織物産業は壊滅的な打撃を受けたのである。インドの人たちは、そんな英国の支配から逃れて自分たちの手で独立しようとして、たびたび暴動を起こしたが、そのつど、英国の強力な軍隊に鎮圧されてきたのである。

その経緯を知っている日本は、インド人の協力を得て戦争を有利に進めながら、インドの独立のために力になろうと決意した。

開戦時を遡ること三十六年の一九〇五年、日露戦争で日本がロシアに勝利した報道を耳にした世界中の植民地支配に喘ぐ人々は、歓喜し、黄色人種が勝てないと思っていた白人国を打ち負かしたことに感動したのだ。インドの人々も同様でそれだけに、日本に期待するところが大きかった。

独立を目指すインド人は「インド独立連盟」という組織を通じて、日本大使館と繋がっていた。日本大使館はまた、「マレーの虎」と呼ばれた谷豊を通じてハリマオ工作をしていた。ハリマオはマレー語で虎の意味で、部下一〇〇〇人を持つ義賊の頭目だった。

藤原機関始動

藤原岩市少佐が着任してこれらの人脈を受け継ぎ、開戦するや否や、マレーに潜入して「藤原機関」（F機関）と名乗り、活動を開始した。藤原機関は、参謀本部、中野学校から通訳二人を含む九人の構成員で出発した。

昭和十三年に大川周明が東亜経済調査局付属研究所（通称、大川塾）を設立し、東南アジアからインド、アラブ、トルコに至る全アジア民族と大同団結し、欧米による植民地支配を打ち破る「大アジア主義」を提唱した。その第一期生となった伊藤啓介は塾の助手を務めた後、藤原少佐の志に意気投合し、元商社員で語学将校の国塚一乗と共に藤原機関に合流した。

そこで二人は藤原少佐にインド人捕虜の世話を命じられたのである。インド人とは英国軍の中のインド人部隊のことだ。そのインド人捕虜を訓練してインド国民軍に仕上げようというのである。日本軍の進軍が開始された。マレー半島第一の関門であるジットラ・ラインを三日三晩の猛攻の末、突破する。

翌日、ケダ州の首都アロースターに入り、英国人の中佐がインド兵を率いる一個大隊の英印軍が孤立しているとの情報を得た。藤原少佐はインド人のプリタムシンと通訳の三人で潜入し、インド人に向けて降伏勧告をしたのである。

「我々日本軍は諸君の同志である。インド独立のために共に戦って英国軍を打ち破ろうではないか。我々はアジアを欧米の植民地から解放するために戦おう」

藤原とプリタムシンは大演説をぶち、インド独立のために共に戦おう、と呼びかけた。この英印軍の中に、見るからに優れた指揮能力をもったターバンを巻いたシーク教徒のモハンシンがいた。藤原は彼を統率者として用いることにした。インド人たちは、日本軍に対して敵意をもつ謂《いわ》れはないから、戦意があろうはずもない。

当時、無政府状態だったアロースターの街を、藤原は捕虜になったばかりのインド兵に警棒を持たせて警備に当たらせた。捕虜になってどんな仕打ちをされるかと怯《おび》えていたインド兵は、この取り扱いに感激した。さらに彼らを感激させたのは、日に三度の食事の時だ。藤原機関の将校全員が捕虜と一緒の食卓につき、同じ食事をするのである。イギリスの将校は絶対にそのようなことはしない。

会田雄次氏がその著書『アーロン収容所』の中で、「イギリス兵は女性兵士でも捕虜には決して物を手渡さない。物を床に投げて拾わせる」とご自身の体験を書いている。だから将校が捕虜と一緒に食事をするなどとは、とうてい考えられないことだ。インド兵たちは、藤原少佐が常に言う「インド独立のために共に戦おう」という言葉が本物だと感じて感激した。それでも、最初のうちはインド兵もかたくなに心を開かなかった。

インド独立国民軍の創設

日本は日露戦争前から、イギリスと日英同盟という軍事同盟を結んでいた。しかし、第一次大戦以降になると日本の台頭を望まない英国の新聞は、日本の大陸政策を非難し、中国やインドで反日感情を煽っていた。その後、英国が望まないにもかかわらず、米国の強力な後押しによりワシントン会議で二十年続いた日英同盟は破棄されるが、日本への経済封鎖を機に、さらに反日的傾向が強まったのは当然である。

英国の統治下で反日的教育を受けていたインド人たちも、藤原少佐をはじめとする機関員の情理を尽くした説得に、次第に心を開いていった。藤原機関の十数名は武器を一切持たず、丸腰でインド兵に応対する態度も、インド兵の警戒意識を和らげるのに役立った。

インド兵捕虜の指揮者としてのモハンシンは、インド独立国民軍を創ろうという藤原たちの説得にもかかわらず、そんなことはできないと容易に納得しない。そこで藤原はモハンシンたち幹部を連れて山下奉文将軍に会わせた。悠揚せまらぬ山下将軍の信頼感ある態度に感銘を受けたモハンシンは、ようやく納得し、契約書を取り交わすことになる。

その契約書で五つの条件を提示しているが、内容は「日本軍はインド国民軍を支援し、インド人捕虜の管理、指揮権をモハンシンに委任し、日本軍とインド国民軍は友軍であり対等の立場である」として、あくまで日本軍の傀儡《かいらい》ではなく独立した組織であることを強調する内容になっている。

その後、インド国民軍は次第に増え、シンガポールが陥落してシンガポールのファラパークに集結した時のインド兵捕虜の数は四万人にものぼった。

二人のボース

ここでインド独立のために命を賭ける二人のボースについて紹介しよう。

まずビハリー・ボースはインドの西ベンガル州に一八八六年生まれ、十五歳でインド独立運動に目覚めて、英国への敵愾心《てきがいしん》を燃やし続け、国内で過激な反英闘争を繰り返すのである。

一九一五年、国内に留まることが危険になり、詩聖タゴールの訪日に合わせて親戚を装って日本への亡命に成功した。その頃、日本には同じく亡命してきた中国の孫文もおり、頭山満、大川周明、宮崎滔天を始めとする、大アジア主義を実践する興亜陣営の人々の支援を受けていた。英国大使館は日本政府にボースらの国外退去を要求し、政府は国外退去の命令を発した。これに対して、新聞業界も国民党の犬養毅を始め、命令撤回を外務省に勧告したものの、撤回には至らなかった。

そこで新宿中村屋の店主、相馬愛蔵夫妻がボースを匿《かくま》うことになった。中村屋の名物のカリーライスも、ボースが本場の味のインド風カレーライスを紹介している。ボースは中村屋の娘俊子と結婚し、日本国籍を取得した。

一九四一（昭和十六）年十二月、日本は米英に宣戦布告して開戦し、翌年五月には、インド人独立運動家が参集して、バンコックで大会が開催され、インド独立連盟が設立されたが、その席上、ボースが総裁に選出された。

さて一方のチャンドラ・ボースは、ビハリーより十一年後の一八九七年、ベンガル州に生まれ、英国のケンブリッジ大学に学び、大英帝国の官僚制度の中で最難関とされたインド高等文官試験に合格し行政官となった。

その後、イギリス当局より革命の黒幕として逮捕され、ビルマの監獄に収監されたが、獄中でベンガル州上院議員に選出された。チャンドラ・ボースは投獄されること十一回に及び、最も戦闘的な反英独立運動家として名を馳せていた。

この獄中生活を経てボースが実感として学んだことは、「独立闘争には、軍隊とそれを統率する政府が不可欠だ」ということだ。脱獄してパキスタンを経由して一九四一年三月、ドイツに渡ったボースは、インド、アラブ民族に向けて反英放送を行ないながら、インド兵を勧誘してインド人部隊の創設を目指した。

インド人にとっては「英印軍兵士」であることはエリートであり、生活が保証されていたため、たとえ捕虜になったとしても、その身分を捨てようとせず、インド人部隊の創設は困難を極めた。

その頃には、マレー戦線でのインド人捕虜を母体にしたインド国民軍の編成は順調に進んでいた。藤原機関長はモハンシンを少将に抜擢し、司令官に登用した。モハンシンより上の階級の将官が幾人かいたにもかかわらず、大尉からいきなり少将への昇進は、やはり軋轢《あつれき》を生む。

二月十日にシンガポールが陥落した後、国塚一乗と伊藤啓介に藤原機関長は五万人のインド兵を集めろと指示を出す。国塚と伊藤は、モハンシンと連絡してシンガポールのファラパークに大勢のインド兵を集めていた。

そこへ藤原機関長を呼んだ。まず壇上に上がったモハンシンは、「我々はこの二カ月間、英印軍の先鋒として日本軍と戦ってきた。しかし、戦ううちに我々の本当の敵は日本軍ではないことが分かって、我々はインド人部隊としてインド国民軍を創るために日本軍の捕虜になった。日本軍は我々を捕虜としてではなく友軍として遇してくれた。これからも我々はインドの本当の敵である英国軍と戦うために日本軍と共に行軍するのだ」と藤原機関長を紹介し、機関長が壇上に上がった。

「インド兵の諸君！　我々日本軍は君たちの仲間だ。同じアジアの同胞なのだ。英国は三〇〇年以上もの間、君たちの国土、インドを支配してきた。そして日本は中国を侵略して、中国に酷いことをしている悪い国だと君たちに教えてきた。君たちは、自分の眼で、耳でしっかりと見てごらんよ。たとえば日本の植民地だと非難する満州国は、日本が『王道楽土』を目指して五族協和で、中華、朝鮮、蒙古、満州、日本の五つの民族みんなが協和して発展させようと、まったくの荒野を開拓して、十三年間で自動車を製造できるまでに発展させたのだよ。清朝最後の皇帝、溥儀《ふぎ》が自ら皇帝になりたいと希望して日本が協力したのだよ。

だから、満州は決して日本の植民地だったのではないのだ。片や、イギリスは君たちの故郷インドに何をしたんだ。一八五七年、ベンガルでのセポイの叛乱を思い起こせよ。

イギリス軍は史上稀に見る、君たち同胞の大虐殺を行なったではないか。紡績機械を発明した英国は安い綿布を、大量にインド市場に輸出し、インドの手工業の綿布生産を壊滅させたではないか！

ビルマのバー・モウ首相（当時）の言葉を借りれば、『過去三〇〇年間、英国はインドの力とインドの資源とをもって、西はアデンより、東はシンガポール、香港にわたり、植民地政策を遂行して掠奪による大英帝国を建設し得た。インドの兵隊をもってビルマと戦い、もってビルマを滅ぼした』のだ。

そして、イギリスは中国に何をしたか。茶葉を輸入する代金のために違法な麻薬を売りつけて、アヘン戦争まで起こしたことは君たちも知っているだろう。日本は経済封鎖を強行し、敵対する米国、英国と戦争するために立ち上がった。昨年の十二月、開戦直後のマレー沖海戦でも、君たちのよく知っているように、英国の誇る戦艦と巡洋艦を撃沈した。我々日本が目指すのは片々たる植民地などではない。

我々が目指すのは、人種差別のない、全民族平等の世界、アジア民族の解放なのだ。今や諸君は捕虜ではない。諸君は光栄あるインド独立の戦士なのだ。これからも米国、英国の植民地根性を叩き潰すために、君たちインド国民軍と日本軍は、共に肩を組んで戦おうではないか！　ニューデリーに向けて進軍しよう！」

力を込めた藤原少佐の呼びかけに、パークを埋め尽くしたインド兵たちは、軍帽を空中に放り投げて歓喜の声を上げ続けた。

シンガポールで合流したインド兵の中には、モハンシンより階級が上の中佐クラスがいたが、藤原機関長はいきなりモハンシン大尉を少将に特進させ、司令官の立場に置き続けようとしたのである。モハンシンをそれまで日本軍のスタッフのような扱いをしてきた藤原機関も、藤原少佐に代わって岩畔《いわくろ》大佐が移動してきた。

藤原少佐のモハンシンの重用による上級将校との確執が表面化したのが、五月のバンコック大会であった。インド独立運動の諸団体が一堂に会する、この会議に東京から参加したビハリー・ボースのグループとモハンシン司令官の間で、インド国民軍を巡って激しい主導権争いが表面化した。諸団体の中には日本人女性を娶《めと》り、日本国籍を取ったビハリー・ボースを日本の傀儡と誤解する人々もおり、また、インド国民軍設立以前から藤原機関に信頼されて、指揮権を任されてきたモハンシン自身の自信もあり、両者は反目した。

藤原機関の後身の岩畔機関は結局、モハンシンをインド国民軍司令官から解任せざるを得なかったのである。そしてスマトラのパダンの山の中に幽閉された形になった。伊藤啓介はモハンシンとその甥を連れて行き、その後も食糧を運んだりして、日本軍とモハンシンの連絡係をした。伊藤啓介氏のこの仕事は、藤原機関が岩畔機関、光機関と名を変えても続いていくのである。

その後、指揮権の自信をなくしたビハリー・ボースは、チャンドラ・ボースに指導者として彼をドイツから迎えたい意向を示す。

連絡を受けたベルリン日本陸軍武官府は、山本敏大佐を通じてチャンドラ・ボースに接触を図った。日本の開戦以来、日本軍と共に直接イギリス軍と戦いたいと熱意を示していたボースは、日本軍とドイツ軍の計らいで、ドイツ海軍のUボートと日本海軍の潜水艦を、マダガスカル沖で乗り継いでスマトラのサバンに上陸した。

そして飛行機に乗り継いで、昭和十八年七月二日、チャンドラ・ボースは、ビハリー・ボース、ボンスレー中佐、国塚一乗、伊藤啓介が待つシンガポール、昭南島のカラン飛行場に着陸したのである。カラン飛行場には、インド国民軍儀仗兵一個大隊、さらにインド国民軍一万三〇〇〇人の一個大隊が整列し、多数の民間インド人も集まっていた。

国塚一乗の著書『インド洋にかかる虹』によると、

「ボースが機体より姿を現わすや、儀仗兵の一個大隊は、高らかな吹奏と共に、捧げ銃を行なった。今やボースが求めて止まなかった武力が、ここに忽然と湧現しているのである。ボースニ十年の夢がいま現実となって存在するのである。ボースの目から一筋の涙が頬につたわった」

その夜、ボースは国塚に、

「日本軍は一万三〇〇〇人という、私など想像もつかぬ大兵力のインド国民軍を創設できたのはなぜだろうか」

と尋ねた。国塚が答えたのは、

「我々の顔が黄色だということです。インド人の心に与える安心感が白人とはまったく違うのです」

チャンドラ・ボースはインド国民軍最高指揮官に就任し、一九四三（昭和十八）年十月、シンガポールにインド仮政府を樹立し、二日後には日本の承認を得て、翌日、英米両国に対して宣戦布告をした。

前年の二月十五日にシンガポールは陥落したが、占領直後にシンガポールは昭南島と命名する、と日本軍が発表した。藤原少佐の話によると、十五日の午後二時半に英軍が停戦を申し出てきて四時過ぎまで会談をした。パーシバル中将ら四名がブキテマ高地のフォードの自動車の工場の一室で、山下中将との会見が行なわれた。

これが有名な「イエスかノーの会見」である。山下将軍は「イエスかノーか」と敵将軍に詰め寄ったことで、「勝利に思い上がっていると見られたかも知れぬが、真実はそうではない」と友人に語っている。また、「パーシバルがあまりに青白い顔で手も小刻みに震えていたので、握手しながらいたわりの言葉をかけようとしたが、自分は英語もできないので」と副官に漏らしている。

山下兵団の勇猛果敢と、軍規の厳しさは兵士の一挙手一動に現われていたというから、山下奉文将軍は情けを知る武将であったに違いない。後日、フィリピン戦線の負け戦で山下将軍がパーシバル将軍にまみえることになる。パーシバル将軍にとっては、まさに復讐の念を沸き上がらせたに違いない。シンガポールには中華系住民が八割を占めていたから、彼らは英軍に忠実なブレーンであった華僑の義勇軍や、便宜隊といわれる国際法違反のゲリラ部隊が、しきりに日本軍に抵抗していたのである。山下兵団長は「武力は世界一、倫理も世界一」を目標にしていた。

藤原岩市参謀は、「華僑のゲリラ部隊を掃討しただけで、人道上許せないような虐殺などは決してやっていない」と戦後も説明をしている。

シンガポールを短期間に先進国に育て上げたリー・クワン・ユー元首相は戦後、尊敬する藤原岩市陸将に聞いたそうである。

「英・印・豪連合軍は非常に兵員も多く、兵器も近代的であった反面、日本軍の銃砲は明治の日露戦争時代の旧式なままで、地下足袋を履いた自転車（銀輪）部隊の日本兵に完敗したのは、なぜだろうか」

と聞かれた藤原は、

「絶対多数のマレー人とインド人とタイ人が全部我々の味方でした。それに対して、民衆を敵に廻した英軍と華僑の連合軍は完敗したのです」

と答えている。

それが歴史の事実だ。さんざん聞かされてきた「日本軍は戦争でアジアの民衆を犠牲にして苦しめた」というのは、連合軍の苦し紛れのウソなのである。英米蘭をはじめとする欧米諸国は、自分たちが植民地として苦しめてきたアジア諸国を、いつまでも植民地としておきたいために世界中に流したデマなのである。

日本軍がアジア諸国に味方をして植民地から解放した事実を、歴史に残すことは絶対に許すことができなかった。だから、日本軍を悪者にしなければならなかったのである。

欧米列強の流したデマを真に受けて、いまだに信じている政治家が少なくないことは、日本人としてまことに悲しいことである。

シンガポールに隣接して南に位置するセントーサ島がある。シンガポールの街から道路橋でもケーブルカーでも渡れるが、そこに立派な歴史資料館がある。その中の様々な展示の中に、蝋人形館の展示がある。降伏した英軍のパーシバル将軍たちと、山下奉文司令官一行の会談の模様が等身大の蝋人形で作られていて、実物そっくりで迫力がある。その中に後方に藤原岩市陸軍少佐の姿も見えている。

余談だが、実は『アジアに生きる大東亜戦争』という本の中で、名越二荒之助先生が語っているが、あの蝋人形は昭和五十一年に東京の蝋人形制作会社が製作し、一時、靖国神社の遊就館に展示しておったところ、シンガポール政府の観光開発局が歴史資料館で是非飾りたいと、購入したという。また、あの机は対談の時に使われた実物で、オーストラリア軍の寄贈だという。

昭和十六年十二月八日に日本軍がコタバルに上陸して以来、マレー人の協力もあって日本軍の自転車部隊は順調に南下を続けていた。

ちょうどこの頃、イギリス軍も原住民を組織して反日運動を展開し、ゲリラ戦の訓練などを教える訓練所を開設した。

敗走して日本軍の捕虜になった英軍大佐チャップマンは、刑務所から脱走してこの訓練を担当するようになった。イギリスによって訓練された反日組織が反日マラヤ国民軍を名乗ったのである。

この組織は大多数が中国人からなり、またマラヤ共産党に指導されていたことが特徴だ。

共産党は一九一七年にロシアで最初に結成され、数年後に中国を始め、東南アジア諸国にも浸透し始めた。中国では、ロシアが後方支援する中国共産党と、蔣介石率いる国民党軍は日本軍と三つ巴の戦いを演じた。

中国に権益を狙っていた欧米各国は、双方の中国軍を援助したのである。日本軍が敵とした中国を故郷とするマラヤの中国人も、日本が憎いのは自然感情である。そんなマラヤ共産党は英国軍と協力し、日本軍に対抗した。

イギリスが日本軍に降伏した後は、マラヤ共産党が反日マラヤ国民軍を指導した。マラヤ国民軍は日本軍と正面きって戦う力はなく、主にゲリラ戦で日本軍を苦しめる戦略をとった。日本軍の行軍する先の橋や道路を爆破して、日本軍の行軍や物資の供給ルートを遮断するなどの妨害をした。

長期化した戦争で、人的にも物質的にも消耗しつつあった日本軍は、優秀な訓練された兵士を維持することも困難になり、戦況が次第に日本軍にとって不利になってきた頃、終戦の前年頃から、イギリス兵は散発的にマレー、ビルマなどに戻ってきた。彼らは反日マラヤ国民軍と連絡を取り、武器、衣料品、食料品などを供給したのである。イギリス軍は、日本が降伏した後の九月五日にマレー半島に戻ってきた。

昭和十六年十二月八日未明、山下奉文中将率いる第二十五軍はシンゴラ、コタバルに敵前上陸して、快進撃をもってマレー半島を南下したことは、前に触れた。藤原機関という工作機関がインド兵捕虜を編成して「インド国民軍」を創設し、詳細は前述したように、シンガポール攻略戦にインド国民軍は大きな軍功を立てた。シンガポールのインド兵を合わせて国民軍は総勢四万五〇〇〇人に膨れ上がっていた。

ビハリー・ボースを主席とするインド独立連盟はバンコックに旗揚げし、チャンドラ・ボースが海外から迎えられるに及んで、インド国民軍は彼の指揮下に入り、一九四三年七月、自由インド仮政府を宣言した。

インド国民軍は、精鋭一万五〇〇〇名を選りすぐり、三連隊に分けて厳しい軍事訓練を施した。一九四四年四月、ビルマのポパ山の戦闘で、インド国民軍は英国軍と初めて交戦し、大打撃を与えた。その後、インド国民軍も日本軍と共にインパール作戦に参加し、祖国に向けて進軍したが、日本軍の敗退に終わった。

日本軍が敗戦し、終戦の詔勅が発せられてから三日後、インド国民軍の最高指揮官として、国民の信頼を一身に集めていたチャンドラ・ボースはソ連に渡ろうとした矢先、台北飛行場で搭乗機の事故により、悲惨な最期を遂げた。

三連隊長を始め、生き残った国民軍将兵は、ビルマで英軍に捕らえられてニューデリーに護送されたのである。

インド国民軍の三人の連隊長が、終戦の年の十一月、ニュー・デリーにおいて軍事裁判にかけられた。セイガー、シャヌワーズ、シンの三人の大佐で、英印軍最高司令官マウントバッテン将軍指揮下で英国人裁判官が担当し、弁護団の団長は国民会議派の最長老バラバイ・デザイ博士である。被告たちの罪名は「反逆罪」で、英国領インドにおいて、インド人が統治者英国人に対して叛乱をしたという罪だ。日本からも証人として沢田廉三大使を始め、ビルマ方面軍参謀長片倉衷少将、インド国民軍の創設者である藤原岩市中佐などが召喚された。

デリーの軍事法廷では、英印軍の捕虜を中心にしていたインド国民軍を反逆罪で、厳罰に処す準備を英国側は進めていた。インド民衆の間にインド国民軍の実態が明らかになるにつれて、被告たちを支持する民衆の声が日増しに強くなり、警官隊と衝突し、さらに軍隊までもが英軍に対して叛乱の様相を呈してきたのである。

英国側裁判長は、被告に無期流刑の判決を下したものの、国民の反対運動が大きく混乱の拡大を恐れた英軍総司令官は、刑の執行停止、被告を釈放せざるを得なくなった。これが反英国独立運動の先駆けとなって、二年後の一九四七年八月十五日、インドは独立を勝ち得たのである。

東京裁判法廷でも、理不尽な連合国の検察尋問に対して、日本国民が怒りをもって抗議することは、なかったのだろうか。

第六章――日本の戦争（ビルマにて）

ビルマの南機関

ビルマは王制を布いていた。一八二四年以来、英国は三度にわたってビルマを侵略し、三度目の一八八六年に英国はコンバウン王朝を滅亡させ、ビルマをイギリス領インドに併合したのである。ビルマで英国がまずしたことは、華僑とインド人をビルマに移民させることであった。

イギリスがマレー半島で、中国人を錫鉱山の労働者に、インド人を茶畑に連れてきて、多民族国家を作ったのと同じことをビルマにもしたのである。

支配する側にとって都合の良いように、民族も宗教も異なる人種を人為的に流入させることにより、植民地勢力がより複雑な社会を生んでしまったことは、現在の東南アジア諸国を見れば明らかである。

ウ・オッタマは、ビルマが英国領インドに併合される七年前に生まれた。二十歳で英国のオックスフォード大学に入学し、始めてビルマの歴史を学んだ。ビルマでは、英国の政策としてビルマ人にビルマの国の歴史も伝統も学ばせないことで、自国の歴史・文化に誇りを持たせない教育を施したのである。

アメリカが七年間の日本占領政策で、日本人にした歴史と伝統の破壊の数々を思い起こせば、彼らの仕打ちがよく分かる。欧米の植民地政策は、現地の人々をいつまでも低い民度に留めておくことが基本なのである。

日本が朝鮮、台湾、満州にした、内地と同程度に農業も教育もあらゆる分野で引き上げようとしたこととは、まったく次元の異なるやり方であった。

自国の歴史を英国で学んで、祖国のために働こうとオッタマが心に誓ったのは自然の成り行きである。

その頃、たまたま同大学を訪問した浄土真宗東本願寺派門主の大谷光端氏と出会い、話をするうちに、意気投合した。

祖国ビルマのために働きたいというオッタマに、大谷はお互いにアジアのために働かねばなりませんと激励したのであった。アジア人が協力して欧米諸国に抵抗するという大谷の思想に共鳴しながらも、日英同盟を結んだ日本に対して、一時は懐疑的になった。大谷に対してすらも、不信感を抱きがちになっていた時、日露戦争で日本が勝利した報道に接して、青天の霹靂《へきれき》のごとく感激し、日本を疑っていた自分を恥じたのである。

明治四十（一九〇七）年、オッタマはビルマを出発し、大阪の大谷を頼って来日してきた。そこで大谷の支援を得て龍谷大学に寄宿し、大アジア主義を信奉する頭山満や内田良平たちと交流するようになる。

彼は三年間、日本に滞在し、東京帝国大学で仏教哲学を教えたり、日本に関して学び結論に至った。日本がロシアに勝利したのは、明治天皇を中心に神道を重んじ、皇室を尊崇し、三〇〇〇万の国民が団結して敵に当たったからである、と。

しかし、明治四十年代の日本を見たオッタマが、二十二年後の昭和四年に再来日した時は、「昔、見た明治の日本人は皇室尊崇の念が篤かったのに、人情は薄れ、軽薄な欧米の文化に流されて明治の心がなくなった。このままでは日本は危ない」と日本社会の荒廃振りを嘆いている。

ビルマの民族主義者との接触を試みていた日本では、後に機関長となる鈴木敬司大佐が、昭和十五年十一月にアウン・サンを日本に招聘《しょうへい》し、鈴木夫人の実家に潜伏させたりした。その実家のある静岡県浜松市の浜名湖大草山には、ビルマゆかりの碑があり、昭和六十一年にはアウン・サンの長女スーチー女史が参拝している。

大東亜戦争開戦前の昭和十六年二月、ビルマの独立援助と西洋列強の援蒋ルート遮断のために、日本は大本営直属の南機関を発足させた。同年にマレー半島に送った藤原機関と同様、原住民支援のための組織であり、その機関長の鈴木敬司大佐がまず行なったことは、ビルマ独立の闘志に燃える青年三〇人を日本に送ることであった。そして海南島で日本軍の教育隊が猛訓練を施し、この三〇人志士を中心にビルマ独立義勇軍が編成される。

この三〇人の中には、後に首相となったアウン・サンもいた。この義勇軍が日本軍と共に戦い、ビルマ各地で英印軍を破り快進撃を続けた。南機関の鈴木大佐は、大東亜戦争を西洋諸国から植民地を解放するアジア解放戦争と捉えていたので、英印軍を追い払ったら独立を与えると約束をしていた。

しかし、一旦、独立を与えたら、物資資源の調達などにも支障が生ずると思い込んだ大本営は、英印軍を追い払った後も軍政を続け、結局独立を与えたのが、昭和十八年八月一日のことであった。

その後、日本軍の戦況が不利になるに従い、イギリス軍がインド、ビルマに戻ってくるに及んで、ビルマ軍は日本軍と行動することに異を唱え始めたのである。

それにつれて次第に反日勢力が大きくなり、昭和二十年三月に叛乱が起き、日本人軍事顧問団が殺害され、同八月、日本が敗戦し英国が戻ってきて、その後ビルマが完全な独立を果たすのは、昭和二十三年一月のことであった。

いずれにせよ、マレー半島やインドにおいても、インドネシア、ビルマにおいても紆余曲折はあったにせよ、アジアの人々は日本軍と共に西洋の植民地主義者と戦ったことは、歴史の示す事実である。

さらに日本の統治下にあった台湾、朝鮮半島の人々も、日本国軍隊として、連合国と戦ったという事実は消え去るものではない。いったん、開戦の詔勅が下されてからは、日本国民が一丸となって正しいと信じて戦争を遂行したという歴史を、国民は誇りに思い、その事実を子々孫々に伝えなくてはならない。

朝日新聞のような一部の反日マスコミが、いまだに主張する一億玉砕から一夜にして一億総懺悔に転ずるような節操のない日本人であってはならない。

第七章——日本の戦争（インドネシアにて）

アジアから見た原爆投下問題とアジアの独立戦争

毎年、八月がくると祈っている。

一人の日本人として、真摯に先の戦争について考える時である。戦後六十九年の今、日本の未来のために我々が何を改め、何をせねばならぬか、子供たちの未来のために考えようではないか！

次の引用文は、一九九六年八月九日に長崎で開かれた『原爆殉難者追悼集会』において、在日インドネシア人ジャーナリスト、Idrisno Majid 氏の講演の内容である。

——昨年八月、広島で PUGWOSH 会議が開かれました。核兵器廃絶のための会議で、一九九五年にノーベル平和賞を受賞した国際的に有名な平和グループです。

この会議に、インドネシアの外務大臣を務めたルスラン・アブドル・ガニ博士が出席しました。博士は十年間外務大臣を務めました。この会議の席で、アメリカからの出席者が発言しました。

「日本は世界で最も悪い国だった。すべての原因はパールハーバーだ。真珠湾攻撃があったから、広島、長崎に原爆が落とされたのだ。だから、ノーモア・パールハーバーだ」

そこで、アブドル・ガニ博士は次のように言ったのです。

「パールハーバーは、日本の軍隊とアメリカの軍隊の戦争です。だが、原爆投下は、アメリカの軍隊が日本の市民を殺すために行なったのです。それに、日本の悪いところを見るのもいいが、日本の良いところを見るのも大切です。私も、日本の兵隊の良いところと悪いところを両方見ている。それでは、良いところは何か？　まず、植民地政治を破壊してくれたことだ。おかげで我々は、独立のチャンスを摑むことができた。だがその時、アメリカは我々の敵である植民地主義国を助けていたではないか？　だから我々アジアは日本に感謝しているのです。いくらアメリカが日本を罵倒しても、アジアは日本に感謝しています」

今から二十年近く前のことです。ASEANを創設した功績で、国連のハマーショルド賞を受賞したマレーシアのガザリー・シャフェ外務大臣が広島へ来たことがあります。ガザリー博士が広島の原爆慰霊碑の前に来た時、そこで、日本の女性教師がこう説明していました。

「日本はアジアを侵略し、日本兵は残虐だったから、アメリカは原爆を投下したのです。日本人は反省しなくてはいけません。アメリカの原爆投下なくしては、日本人は反省しなかったと思います」

これを聞いたガザリー博士は大変驚きました。しかもその女性教師はクアラルンプールの日本人学校にいたことのある人で、博士は以前から知っていました。それでガザリー博士は、次のように言いました。

「大東亜戦争によって植民地体制が崩壊したから、アジア・アフリカは独立のチャンスを摑んだのです。アジアは五〇〇年間、ヨーロッパ人の搾取と弾圧に苦しみました。アジア人は何回も戦ったが粉砕できませんでした。植民地体制は日本軍がアジアの代表として粉砕してくれました。原爆投下は、アメリカが悪魔になったからできたのです。謝罪すべきはアメリカです。謝罪されるのは、広島と長崎の市民を含む全人類です」

以上、ASEANを代表する二人の外務大臣の話を紹介しました。

ところが、今回新たに作られた長崎原爆資料館では、あたかも日本が悪かったから原爆を投下されたという印象を与える展示があるようですね。日本の原爆資料館の内容について、外国人の私がとやかく言うべきではありませんが、なぜアメリカに反省を求めず、日本が謝罪するのか、私たちアジア人から見るとよく理解できません。なぜ「日本が謝罪しないと、核廃絶の訴えが世界の人々に届かない」と言う人がいるのでしょうか？　大変理解に苦しみます。

ここにくる前に、日本のテレビ局からインタビューを受けました。日本の記者は、「原爆投下と大東亜戦争をどう思うか」と聞いてきました。そこで私はこう答えました。

「原爆投下は、アメリカが日本の一般市民を殺す目的で行なったものであり、神様は絶対に許しません。大東亜戦争は少なくともインドネシアでは、オランダからインドネシアを解放するために戦われた戦争だと信じています。原爆投下は市民の殺害が目的でした。大東亜戦争はアジアの解放が目的でした。目的がまったく違うので、私は原爆投下と大東亜戦争は次元が違うと考えています。だから、私たちは、日本に謝罪を求めようとは思いません。原爆投下で謝罪すべきはアメリカだと思います」

インドネシアの独立は、日本とインドネシアの両方が協力して勝ち得たものです。アジアの民族と、白人植民地主義者との戦いでした。インドネシアの独立戦争で死んだ多くの日本兵、その人たちはみんなインドネシアの国立英雄墓地に祭られています。

皆さん、東京の芝の青松寺にきて下さい。独立戦争に参加した市来龍夫と吉住留五郎を称える碑が建っています（注・二人は独立軍の参謀指揮官となりスカルノと直接連絡した。住吉氏は、前田海軍少将がスカルノらと共に独立宣言文を起稿した時に同席した四人の一人）。

一九五八年に来日したスカルノ大統領が、「独立は一民族のものならず、全人類のものなり」と碑文を書きました。

二〇〇〇人の日本人が独立戦争に参加してくれたのです。

私たちインドネシア人は、どうしてこのことを忘れることができるでしょうか。スカルノ大統領が言ったとおり「Dari Hati Ke Hati」です。「心から心へ」です。インドネシアの独立を挟んで「心」が通ったのです。私たちはその「心」を大切にして、同じアジアの民族として子孫に伝えていかなければなりません。その「心」は日本とアジアばかりでなく、世界平和にもつながるでしょう。

ところが、インドネシアの独立をとおして、日本とインドネシアの間に「心」が通じ合ったことを、今の日本の若い人たちは、ほとんど知りません。本当に残念でなりません。日本が本当にアジアの友となって世界平和に貢献しようとするのであるならば、謝罪は必要ありません。それよりも、私たちの独立のために戦ってくれた日本兵のことを、きちんと日本で語り継いでいって欲しいと思います。――

以上、講演内容を引用した。

日本よ、世界で咲き誇れ！

心温まるMajidさんの講演に加えて、平成二十五年五月二十三日に第十九回国際交流会議の場での、安倍総理の話の内容をごく一部だけ引用する。

東日本大震災が東北地方を襲ったその二カ月後の五月、ジャカルタで五〇〇人のインドネシアの学生たちが自作の日本語の歌詞でミュージカルを上演しました。「桜よ」と題して「桜よ咲き誇れ　日本の真ん中で咲き誇れ　日本よ　咲き誇れ　世界の真ん中で咲き誇れ！」と、歌ってくれたというのです。五〇〇人の日本語の大合唱は想像しただけでも感動的です。被災者の皆さんをはじめ、多くの日本人がアジアと日本の絆を新たにしたことでしょう。

アジア諸国の人々の声を聞け！

日本の敗戦から二日後の昭和二十年八月十七日、スカルノ初代大統領はインドネシアの独立宣言を発した。

この時、スカルノは独立宣言文の日付を、日本の年号である皇紀二六〇五年と記した。オランダの三五〇年にわたる植民地支配から脱却できたインドネシアは、西暦を嫌って日本の年号である、皇紀を使用したことに彼らの心意気を窺《うかが》い知ることができる。

その後、英国とオランダは、再び植民地化しようとインドネシアに上陸したが、戦時中、日本軍に訓練されたペタ（義勇軍）を先頭に、スラバヤを始めとして各地で、戦闘が開始された。しかし、日本の軍政下三年半の間に訓練されたインドネシア人は、以前の従順なインドネシア人ではなかったのである。

約二〇〇〇名といわれる日本人将兵が、祖国日本への帰国を断念してまでも、インドネシア独立のために連合軍と戦う道を選んだのだ。軍命を犯してまでも旧日本軍の兵器を使い、そして、四年半後、インドネシアは実質的な独立を達成したのである。

ジャカルタ郊外のカリバタには英国、オランダとの苛烈な独立戦争で戦死した人々が祀られ、中には、七十柱の日本人も、このカリバタ英雄墓地に祀られている。ジャカルタ以外の各地にも同様の英雄墓地があり、三十二名の日本人が祀られている。

前述のMajidさんの講演の中でも紹介されているように、インドネシア独立戦争に大きな貢献をした市来龍夫氏、吉住留五郎氏のお二人は、スカルノ大統領によって芝の青松寺に記念碑が建立されている。また、スカルノ、スハルト両元大統領が来日した折には、帰国した戦士たちに面会し謝意を表してきた。スハルトが制定した日本の金鵄勲章に相当するナラリヤ勲章が、インドネシアの独立と復興に尽くしたとして、生存者を対象として、当時六名の日本人に授与された。その中の一人は、司政官であった稲嶺一郎氏（元沖縄県知事のご尊父）である。

このように戦時中も戦後の経済復興での協力でも、日本は大きな力になっている。しかし、決してそれを恩着せがましくせず、傲慢にならず、堂々とした自信と信念を日本人は持ち続ければ良いのである。

どの国の歴史にも、常に光と影の部分がある。日本の影の部分ばかり強調してきた戦後の教育は、もはや終わりにしよう。

タイのククリット元首相は、

「日本のお陰でアジア各国はすべて独立した。日本というお母さんは難産して母体を損ねたが、生まれた子供たちはすくすく育っている」

また、インドのラダクリシュナン大統領は、

「インドが今日独立できたのは、日本のお陰であり、それはひとりインドだけではなく、ベトナムであれ、カンボジアであれ、インドネシアであれ、旧植民地であったアジア各国は、日本人が払った大きな犠牲によって独立できたのである」と。

そのほか、幾多もある、このようなアジアの人々の言葉を、是非とも、靖国神社に眠る英霊に捧げたい。

黙禱！

日本軍がマレー半島を英印軍を攻略しながら南下している頃、オランダに宣戦布告し、ボルネオ、セレベス、スマトラ、そしてジャワ島本島を攻略し、航空基地を確保していた。連合国軍の米軍と豪州軍の補給線を遮断するために、天然の良港のあるニューブリテン島のラバウルを占領し、前線基地とした。

昭和十七年六月初旬には、海軍はミッドウェーで米海軍機動部隊に惨めな大敗を喫した。翌七月には、大本営参謀辻政信中佐がラバウルに到着。米豪補給路遮断のためのフィジー・

サモア攻略と、ポートモレスビー攻略作戦を始動した。

八月七日、英領ガダルカナルに米軍が上陸し、連合国軍の反攻が始まった。日本海軍設営隊が二日前に完成させた滑走路を占領した。ガダルカナル島奪回のために、翌年二月の完全撤退まで、幾度かの総攻撃や決戦、そして双方の補給線を巡ってのソロモン海戦などが続き、ガダルカナル島は「餓島」と呼ばれるほど、食糧の補給が滞り、将兵は悲惨な戦闘を強いられたのである。

第一次大戦後の国際連盟規約に則り、日本は南洋諸島を委任統治区域として統治することになった。その南洋諸島とは、カロリン諸島、マーシャル諸島、マリアナ諸島で、すべて赤道の北側に位置している。海軍司令部のあったトラック島はカロリン諸島にあり、南方のニューギニア戦線とも距離的には遠くはなかった。

二万人の将兵を失ったガダルカナル島からの撤退を、大本営は転進と呼び、これを機に連合国軍の反攻北上作戦が始まった。昭和十八年四月十八日、トラック島からガダルカナルの戦況を見守っていた、司令長官山本五十六大将が、ブーゲンビル島上空で米軍機に撃墜され、同乗将官と共に戦死。

黙禱！

第八章——日本の戦争（中国大陸にて）

大陸における日本と米国の衝突

キリスト教に反対する東学党が朝鮮に西洋排斥の乱を起こし、その鎮圧のために派兵の要請を受けた日本が軍を派遣し、すでに派兵していた中国軍との間に日清戦争が始まった。清国はそれまでドイツから購入した軍艦を威嚇《いかく》のために日本に派遣したり、上陸した中国軍水兵が狼藉を働いて長崎水兵事件を起こしたり、挑発的な行動が目立っていた。

日清戦争に日本が勝利した後、台湾、澎湖島、遼東半島を割譲されたが、直後にいわゆる三国干渉で、ロシアがドイツ、フランスを誘い、日本に遼東半島を返還するように圧力をかけてきた。日本が中国との間に締結した下関条約によって獲得した権益に対して、第三国が力によって奪い取ろうと迫ったのだ。日清戦争で国力を消耗していた日本は、臥薪嘗胆を誓ったその十年後に、朝鮮半島を植民地化しようと南下してきたロシアとの間に日露戦争が勃発した。

当時の日本は国際政治において政治家も軍人も一流であった。それは、幕末の危機を乗り越え、明治維新を達成した新興明治日本は、西洋に追いつき追い越せと使命感に燃えていた指導者が多かったからである。

ロシアに勝利した日本は、米国の仲介を受けてポーツマス条約を締結し、日清戦争後にロシアに奪われた遼東半島の租借権と、南満州の権益を獲得したのである。それは、旅順・大連、そして南満州における長春から旅順まで約一〇〇〇キロの鉄道（南満州鉄道）、及びその付属地における経済権益をロシアから獲得したのである。

実はアメリカが満州の権益を狙っていたのである。米国は江戸時代のペリー艦隊の琉球侵攻および黒船の浦賀来襲以来、着々と中国大陸に目標を定めてきた。

建国以来、西へ西へとアメリカ大陸を横断し、太平洋岸に到達した開拓者アメリカは、一八九八年にハワイ王国を乗っ取り併合して、海外権益を得るための覇道を邁進するのである。「キューバ人民に自由と正義を」と大義名分を振りかざしたアメリカは、戦艦メイン号事件を起こし、スペインからフィリピンを奪った。

北清事変に諸外国と並んで出兵した米国は、他の諸国と同様に居留民保護のための権益などを獲得した。さらに日露戦争で南満州の権益を獲得した日本から満州鉄道を買収しようとしたり、国際管理をしようと提案したが、失敗に終わった。

アメリカはその後の国際社会でも、英国や仏国に植民地の解放を提案し、植民地を国際管理下において、自身が主導権を握ろうとする手口が随所に見受けられる。いずれにせよ、このようにして満州を始めとする中国大陸全域において、アメリカと日本の権益争いが表面化するのである。

ソ連とドイツの権益

一方、ロシア革命が起きてできたソ連は、コミンテルンを作り世界革命の拠点とした。ソ連は南満州鉄道に接続する東支鉄道と満州の北西地域を影響下に治め、中国共産党を支援し、満州を始め各地で共産パルチザン（暴力革命集団）を使って反日活動を展開した。

一九一二年に起きた辛亥革命で孫文が、中華民国臨時政府の臨時大総統に就き、宣統帝溥《ふ》儀《ぎ》が退位して清朝が滅んだ。孫文の後を袁世凱が引き継ぐが、中国大陸は国民党軍、共産党軍、そして各地の軍閥割拠の三つ巴、四つ巴の春秋戦国の乱世の状況になる。

日本は満鉄沿線の付属地を開発し、権益を護るために日露戦争後の翌年、関東都督府に守備隊として陸軍部を設置し、その後、陸軍部が独立して関東軍司令部となった。

関東軍は満鉄とその付属地の産業に従事する邦人や満蒙開拓団を、南下の機会を虎視眈々と狙っているソ連から護らねばならない。日本が袁世凱政権に二十一か条の要求をすると、それまで頭山満などの日本の支援を受けていた孫文は、ソ連の援助を求めるようになった。

孫文はさらなる援助を得るには共産党と手を組まねばならず、第一次国共合作に至り、ソ連は国民党の内部に入り影響力を強化する。孫文の跡を継いだ蔣介石は広東で反共クーデターを起こし、北伐を進めて南京を首都にした（国民党南京政府）。国共合作は終了し、国民党は共産党を排除し、ソ連の軍事顧問団は国民党から去ったものの、中国共産党の軍隊を訓練し始めた。

日本は中国を侵略したと信ずる硬直した頭の持ち主は、辛亥革命により二九六年続いた清王朝が崩壊した一九一二年以降、一九四九年に中華人民共和国が建国されるまでの三十七年間、シナ大陸はほとんど無政府状態であった史実にも思い至らないであろう。

清朝最後の皇帝宣統帝溥儀が六歳で退位し、孫文が臨時大総統として中華民国が誕生したものの長くは続かず、軍閥割拠の時代に戻ったのだ。日清戦争後、清国は軍隊の近代化を進め、日本陸軍士官学校に留学した士官を中心に陸軍の建設に力を注いだ。清朝末期にドイツから軍人を招いて訓練したり、日清戦争で威容を誇った北洋艦隊の旗艦定遠や鎮遠もドイツ製であった。

日本陸軍はドイツ陸軍に訓練された経緯もあり、中国でも後の国民党政権は昭和二年よりドイツから軍事顧問団の指導と、武器の輸入を図るようになってゆく。

いずれにせよ、戦後までシナ大陸には中国という国は存在していなかった。国民党を率いる蔣介石の重慶政府と、ソ連コミンテルンの援助を受けた共産党軍、満州の軍閥の張作霖、そして孫文を師と仰ぐ国民党の副総裁であった汪兆銘の南京政府など、三つ巴、四つ巴の様相を呈していたのである。

孫文は当初、頭山満、宮崎滔天など日本の民間有志の援助を受けていたが、次第にソ連の支援に頼るようになった。孫文の後、国民革命軍の総司令を引き継いだ蔣介石は、国民党と共産党の国共合作を推し進め、ソ連の軍事顧問団を受け入れて軍事強化に努めた。反共クーデターの結果、ソ連は共産党の軍隊を訓練し始め、蔣介石は国民党として共産党に勝利するためにドイツの軍事顧問団を招いて軍事訓練を強化した。

日清戦争後のロシアがドイツ、フランスを誘って日本を恫喝した三国干渉から、西洋列強諸国の中国侵略が加速した。西洋諸国は租界と呼ばれる各国の租借地を清国から借り受け、経済活動の根拠地にした。外国人の侵略に抗議して義和団の乱が起き、清朝政府が鎮圧できないために、外国人が居住する租界を鎮静化すべく各国の軍隊の派遣を要請した。

これが北清事変と呼ばれるが、この時、派遣された柴五郎率いる日本軍の規律ある統率の取れた行動に惚れ込んだ英国が、日本との同盟を希求し、日英同盟が成ったという有名な話が残っている。

東学党の乱の時も朝鮮に出兵した時も、北清事変の時も要請されて日本軍は大陸に出兵したのである。反日勢力が言うような侵略のために派兵したのではない。

一方、蒋介石がドイツより軍事顧問団を迎え、最新の兵器の導入を始めたのが、一九二八年である。ドイツはその後、十年以上も中国に軍事顧問団も兵器も送り続けたのである。

ドイツはその援助を日本がドイツと軍事同盟を結んだ後まで続けたが、日本の再三にわたる抗議に対して渋々援助を打ち切ったという経緯がある。当初は、ソ連が援助する共産党軍討伐のための戦いであったが、第二次国共合作の後は、国民党軍、共産党軍ともに、共通の敵を日本軍に絞ったのである。

ドイツの軍事顧問団の将軍は、中国軍を率いてまで日本軍と戦ったのである。そういう国と日本は三国軍事同盟を結んだのである。

第一次世界大戦に参戦した日本は、敗れたドイツが領有していた南洋諸島や中国の山東半島を獲得した。ドイツは日本に対して面白かろうはずがないし、さらにドイツにとって重要なことは、中国が産出するタングステン鉱物であった。

タングステンは比重が大きく硬度の高い希少金属で、砲弾などの製造には不可欠であった。さらにドリルなどの工作機械の刃にも不可欠であった。軍需物資として貴重な産物で、中国で大量に産出され、ドイツはそれが主な目当てで、その見返りとして、軍事顧問団と共に最新式兵器を中国に輸出していた、その輸出量は五十八パーセントにも達し、対日本では一パーセントにも満たない輸出量であった。このように日本より中国での利害関係がはるかに大きく、日本と軍事協定を締結した後も、中国から手を引けなかったのである。

中国の国民党が輸出したタングステンがドイツの軍需産業を支え、ナチスドイツの勢力拡張に寄与したことは見逃せない事実である。また、中立国のスウェーデンも第二次大戦中、中立維持の見返りとして、良質の鉄鉱石をドイツに輸出し続けていた史実もある。

ドイツは、そんな中でソ連が援助する中国共産党と米国、英国、フランスが援助する国民党や各地の軍閥を支援し、反日、抗日的行動を激化させてゆく。さらにソ連が加わり、ドイツも対日戦線に加わって、欧米五カ国が中国を支援し、対日共闘を仕掛けたのである。

中国の国民党政府がナチスドイツを軍事的に支援した史実を思い起こせば、ドイツと共に日本をいつまでも軍国主義と非難し続ける資格があるものか。

大陸での反日運動の激化

一九二〇年、樺太対岸の尼港（ニコライエフスク）の日本人居留民、陸軍守備隊など七百数十名が共産パルチザンにより惨殺された。さらに一九三一年までの十一年間に一三〇件以上の日本人居留民、日本軍将兵などの虐殺事件や一般邦人に対する排日活動が頻発した。しかし、時の外相幣原《しではら》喜重郎は欧米との協調と中国との友好関係を維持しながら、満州の権益を保全しようとする基本政策を貫いていた。

満州を含む中国大陸全土にわたって地方の各軍閥、共産党軍、国民党軍による略奪、暴行が頻発し、租界に駐留する欧米各国と日本は、国民党率いる蔣介石にしきりに鎮圧を要請したが、中国兵自らが暴動、虐殺を起こす有様であった。

さらに共産党軍と国民党、国民党の北部軍閥掃討戦、また軍閥同士の戦い等々、中国は内戦に明け暮れていた。

満州を基盤とする張作霖は当初は日本に協力的であったが、アメリカが背後から援助をするにつれて排日運動を展開するようになった。アメリカでは当時、排日移民法が成立し、反日運動が盛んになっていたことも連動している。そんな状況下で、満州での日本人居留民が安全に生活できないまでになった。

時の幣原外交は日中友好を重んずるあまり、日本人居留民が中国人によって攻撃されても、関東軍に報復することを戒めていたのだ。

この屈辱外交を見るに見かねた関東軍高級参謀河本大作は、日本人居留民を護るために、張作霖が満鉄で移動中に爆殺する挙に出た。それが昭和三年六月のことであった。それに至るまでには、前年の三月の南京で北伐軍が暴徒となって外国人居留地の租界に押しかけ、暴行と掠奪の限りを尽くした。

漢口で同様に共産党軍の暴行が起きたが、時の日本政府は不干渉主義を貫いた。その翌月には、山東州の済南に蔣介石の南軍が退却する北軍を追って到着し、至る所で掠奪暴行を繰り返した挙句、日本人十六人が惨殺された。

日本人居留民の安全を確保するために駐兵している日本の軍隊に対して、日本国内でも国民の憤激が政府に向けられた。そんな状況下で、米国の後押しで抗日運動を取り締まりもせず、反日運動に加担するような張作霖に関東軍の実行部隊が行動に出たのだ。

この張作霖事件の三カ月後に、石原莞爾中佐が満州に着任した。昭和三（一九二八）年十月であった。

張作霖の息子であり後継者の張学良は、共産党とも通じ、蔣介石の国民党と連携して反日活動を展開したため、満州の民情はますます悪化していたのである。

それに対する日本政府の無為無策が当時発生した統帥権干犯問題とあいまって、下克上の風潮を生み、関東軍の暴走を許し、独断で日本人居留民の安全を確保する行動に出ざるを得なかったのである。当時、ひたすら中国に対して武力行使を控えていた、日本政府の幣原軟弱外交では、満州問題の解決はできないと見限った関東軍が決断専行したのが満州事変であった。

昭和六（一九三一）年九月、奉天近くの柳条湖付近で南満州鉄道を中国軍が爆破し、関東軍守備隊が応戦したことから事変は始まった。日本軍はこれを中国軍の仕業として軍事行動の展開の端緒となった。戦後、事件は関東軍の自演とされたが、最近では共産党の仕業という説も出ている。

この事件の六年後に起きる盧溝橋事件も、最初は日本軍が先に発砲したとされたが、その後の調べでは、日本軍と蔣介石の国民党軍の対戦を目論み、漁夫の利を得ようとした共産党軍が発砲した説が有力視されている。

その後すぐ満州の奉天省、吉林省、黒竜江省、熱河省の四省がそれぞれ独立宣言をした。

ここで大事なことは、満州の地は歴史上中国の領土ではなかったことである。確かに清朝は満州人の王朝ではあったが、満州人が中国本土に進出し支配して、中国本土は万里の長城で境を隔てられ、長城以北は満蒙と呼ばれ、化外《けがい》の地といわれた無人の荒野であった。満州人が建国した清朝は、漢民族に満州への移住を禁じた。日露戦争の頃には満州の住民は一五〇万程度であったが、日露戦争後に日本が南満州の権益を獲得した後は民族の移動が自由になった。

広田弘毅内閣は国策として二十年間に一〇〇万戸（五〇〇万人）の満州移住計画を立てたが、結局、昭和二十年までに移住人口は二十七万人に終わった。

右記の四省の代表者は、関東軍の指導の下に満州国建国へと歩を進めた。石原莞爾作戦主任参謀の夢見る五族（満州、漢、朝鮮、蒙古、日本）協和、王道楽土を目指す満州国であった。

二年後の昭和九（一九三四）年、清朝の最後の宣統帝溥儀が皇帝となり、旧東三省は満州帝国となった。辛亥革命で清王朝の皇帝を退位してから、しばらくは紫禁城に居を許されていたが、軍閥政権が退去を促した後は、日本公使館や日本租界に暗殺を逃れるように匿《かくま》われていた。

その清朝最後の皇帝溥儀が建国当初、満州国執政に就いた満州国独立を、日本国民は明治維新の王政復古にも似た親近感を覚えたのも容易に想像できる。また溥儀の実弟の溥傑が、日本の嵯峨公爵家の娘と結婚していることもある。満州国は日本の敗戦で消滅するまでの十三年間に、荒野の地から人口も毎年一〇〇万人ずつ増え続け、自動車を生産する産業国に成長したのである。

一九四八年、毛沢東の中国共産党は蔣介石国民党を台湾に追い落とした後、日本が国家予算に匹敵する資金と、人的資源を注入して築き上げた満州国の遺産をすべて無償で引き継いで、毛沢東が建国の糧として食いつぶした一方、この国は、今に至るまで日本を侵略国家だと非難し続けているのである。

前述したように、通州事件、南京事件、済南事件など暴徒による日本人の虐殺が頻発し、在留日本人が不当な仕打ちを受けても、報復もなし得ない当時の幣原喜重郎の軟弱外交に対して、中国側は毎日、抗日姿勢を強め、関東軍は日本人を守るために動かざるを得なかった。

満州事変後の中国大陸は、ソ連が援助する延安の毛沢東共産党政府、ドイツが軍事援助する重慶の蔣介石国民党政府、日本と連携して東洋新秩序を目指す南京の汪兆銘政府、さらにイギリスやアメリカが支援する各地の軍閥、匪賊《ひぞく》が横行する中、欧米列強は自国民の安全と自国の権益を守るために戦ったのである。

既に記したが、満州事変の六年後の七月七日に一発の銃声で始まった蘆溝橋事件は、数日後には停戦協定が結ばれた。

二日後には中国側が戦端を開き、日本は不拡大方針を維持しようとしたが、蔣介石が上海で日本軍に攻撃を開始したことで新たな展開を迎えた。これが第二次上海事変であり、欧米諸国を巻き込んで日支事変に拡大してゆく。十月には、日本側はドイツを仲介にして和解工作を進めたが、成果は得られなかった。その十二月には南京を占領し、蔣介石は敗走した。

いずれにせよ、日本も日露戦争で得た満州での権益や、各地で経済活動する日本人の安全を守るために戦ったのである。

日本が中国大陸を侵略したなどという単純な話ではない。日本が侵略したと言うならば、欧米諸国はすべて侵略している。

蘆溝橋で始まる日支事変から国民党と日本軍との対立を煽り、漁夫の利を得ようとしたコミンテルンの戦略は結果的に効を奏し、日本軍は敗退し、蔣介石国民党は敗れて台湾に追い落とされ、中国に一九四九年、中国共産党政権が樹立されたのである。

第九章――誇り高き歴史と文化

一九七二年の日中友好条約締結以降、日本の不幸は歴史認識の貧弱な歴代首相によってもたらされたといっても過言ではない。この間の中国、韓国の異常ともいえる靖国神社参拝問題や、いわゆる従軍慰安婦問題は、歴代内閣の誤った歴史認識による卑屈外交が招来した当然の帰結である。

ここまで彼らを付け上がらせた責任は、占領軍に洗脳されたままの意識で軟弱外交を続けた歴代政権にある。その誤った歴史認識が改善される兆しが見えた安倍政権が無念にも一年で頓挫したが、論外とも言える民主党政権の後、ようやく第二次安倍政権が復活し、日本の将来に希望の光が見え始めた。

では、なぜ戦後の歴代政権は国益に反してまで、対中軟弱外交を続けてきたのか。やはり元凶はマスコミである。

前掲した加瀬英明氏の著書に再登場をいただくが、その中に「今も有効な『日中記者交換協定』」という記述がある。

日中国交が正常化されたのは一九七二年のことだが、その八年前、中国は正常化を見越して、日本に対する報道規制を企画していた。一九六四年の『日中記者交換協定』である。その内容は、

1、日本政府は中国を敵視してはならない。

2、米国に追従して二つの中国をつくる陰謀を弄しない。

3、中日関係が正常化の方向に発展するのを妨げない。中国政府に不利な言動は行なわない。

以上が日本の報道機関が制約させられた協定である。要するに、日本は中国の良い点だけを報道することを約束したのである。一方、中国は共産党首脳を始め、報道関係者が、国際社会に向けて日本に対して攻撃的な発信を続けるのを、日本は許してきた。日本だけが報道規制を負う、交換とは名ばかりの片務協定をなぜ、半世紀にもわたって放置してきたのか。これは、明らかに日本政府とマスコミの怠慢・不作為による。それにより、日本国民と国が被った損害は計り知れない。スパイ防止法が存在すれば、明らかに売国行為として、国家反逆罪に問われるであろう。政府がスパイ防止法の立法に積極的でないのは、このような自らの首を絞める法律になる可能性があるからであろう。

この協定によって、日本の報道機関は、公正で中立的な報道をすることを放棄して、中国に追随することを誓ったのである。これが、公正な報道をするべきジャーナリストのすることか。この結果、いかに日中関係を歪め、中国を増長させてきたか。マスコミは反省せよ。

そして即刻、この卑屈な協定を破棄せよ。

日露戦争百年記念——誇るべき日本の歴史を学ぼう——

戦時中、零戦のエースとして知られた坂井三郎さんの述懐を、石原慎太郎氏が引用している。電車の中で、

「日本とアメリカが昔、戦争したんだって？　嘘だろう？　で、どっちが勝ったんだ」

と言う学生同士の会話を聞いて、愕然として電車を降りたという話である。たった六十年前の自国の一大戦争のことでさえも、今の若者にとっては、そんな程度のことなのか。では、一〇〇年前の日露戦争はなおさらではないのか。

明治三十八（一九〇五）年の五月二十七、二十八日の両日、東郷平八郎提督率いる日本海軍連合艦隊がロシアのバルチック艦隊を対馬沖で撃破した日本海海戦によって、日本に勝利をもたらした。これは、まさに日本人なら決して忘れることのできない世界史的な一大事件であった。

ロシア艦隊の所在が不明の時、宮古島の久松の若者五名がサバニ（小型漁船）を必死に漕いで、バルチック艦隊の発見を石垣まで報告に及んだと美談として伝わっている。が、実は、その前に、バルチック艦隊に遭遇し、船も乗員も厳しい検査を受けてようやく釈放された宮古島の商船主がいたことを、その人の甥にあたる、池間昌市氏の著書で知った。

池間氏は陸軍の若手士官として中国戦線をはじめ、ボルネオからガダルカナル島へ転戦した数少ないガ島の生き残りでおられる。ガダルカナルでは日本軍は米軍に手ひどくやられたが、硫黄島では、逆に米軍は日本軍に散々な目に合わされたと記している。

ともあれ、東洋の黄色人種の貧しい国が、白人大国ロシアを打ち負かした事実は、全世界に衝撃を与えた。ロシアの圧政に苦しんできた東欧や北欧諸国の人々、そして西洋列強の植民地として搾取されてきたアジア・アフリカのほとんどの国々が、その後、半世紀の間に西洋列強の支配に抗して独立を勝ち得たのである。と同時に西洋列強にとっては、日本は警戒すべき強敵に変わっていくのである。

その四年前、当時の中国（清国）は、西洋列強諸国と日本に権益を割譲し、租借地に各国民が居住していた。原住民が暴行・略奪を重ねたため、各国が自国居留民保護のために、軍隊を送り、いわゆる北清事変が起きた。

ロシアはその機に乗じて、軍隊を増強して満州を占領して動かない。かねてより不凍港を求めていたロシアは、旅順港を要塞化し、また朝鮮半島にも要塞を造り、日本への圧力を強め始めた。

手をこまねいていたら、ロシアに征服される状況の中で、国運を賭けて日本は立ち上がったのである。

日英同盟を結び、高橋是清の外債募集による戦費調達、明石元二郎の後方攪乱等々、見事な外交手腕を駆使する一方、戦場では、統率の取れた将兵の勇猛果敢な行動が、日本を世界の一流国に押し上げたのである。

また戦闘後は、乃木将軍の敗軍の将ステッセル将軍に対する態度といい、東郷提督が敵のバルチック艦隊司令長官を、海軍病院に見舞うなど将軍自ら模範を示したのをはじめ、上村第二艦隊司令長官が敵のウラジオ艦隊を撃破した後、敵の将兵を海上から全員救助するなど、勇敢であり、かつ戦闘終了後は友として遇する武士道の精神が随処に見られ、世界中の人々を感動させた。

今も四国松山市に墓があるロシア兵捕虜に対する人道的厚遇は、当時の日本人の人間味溢れる品性を物語っている。

幕末時代に米国をはじめ西洋列強と結んだ不平等条約を改正する悲願ともいうべき必要性から、日本は戦時国際法を遵守する模範国であろうとした背景もあろう。日本を取り巻く情勢からの危機感から、国威を発揚させようと一丸となった国民。そして世界中の人々から称賛された先人の業績を、そして我々が誇り得る歴史を未来に伝え続けるために、子供たちよ、正しい歴史を学ぼう。

護るべき伝統とは何か――情緒的な女性天皇容認論――

小泉首相の政権時に遡るが、衆議院憲法調査会の最終報告書の素案が提示された。その中に女性天皇容認論というものがある。

この種の女性天皇容認論には、平成十二年に施行された男女共同参画社会基本法および戦後の「開かれた皇室」という概念が色濃く影を落としているように見える。しかし、人の世には、これだけは絶対変えてはならないものと、時代に則して変えていく必要があるものとが存在する。

日本の国が拠って来たる伝統や文化が前者であり、社会の外的規範である法律が後者である。また、人間が人間であるための心の規範、道徳律が前者でもある。

歴史上、幾たびかの血統断絶の危機に晒されながら、神武天皇以来連綿と続いてきた一二五代の今上天皇に至るまで、男系の万世一系の歴代天皇の血統は、世界に無比の日本の誇るべき皇室である。確かに皇位継承権を男系男子に限るとした旧皇室典範以前には、歴史上十代、八名の女性天皇が存在したが、どなたも生涯未婚であったため、天皇の血統は女系にはならなかった。男系の血統を絶やさないために、側室制度を設けたり、世襲親王家を創設したり様々な努力がなされてきた。

しかし、戦後に改正された皇室典範では嫡出子でなくては皇族になれないし、養子も認められていないため、男系男子の血統を守る情況が厳しくなっている。

終戦後、占領軍司令部は昭和二十一年五月二十三日に指令を発し、皇族の財政的特権をすべて剥奪し、皇室財産を一挙に十分の一に減額した。

これは国際法、ハーグ陸戦法規第四十三条に違反する暴挙である。その結果、昭和二十二年十月、皇族十四宮家のうち秩父宮、高松宮、三笠宮の直宮三家を除く十一宮家が「臣籍降下」、すなわち皇籍を離脱された。

米軍は硫黄島での激闘、沖縄戦での日本人の死闘を見て、日本人の強さの根源は天皇と国民との神話に基づく血族意識であり、国民統一の象徴であることを理解し、日本弱体化政策を推進する基本として、神格天皇を否定し、開かれた皇室を演出して、天皇の権威をことさら貶《おとし》めることで、国民の心との分断を図ったのである。

このような経緯で生まれた現憲法と同時に公布された現皇室典範さえも、戦後六十九年に至るまで改正もされなかったのは、我々国民の怠慢と言わずに何と言おうか。

そのつけが現在の皇位継承権問題になって廻ってきている。片や西欧の立憲君主国の王位継承権は、近年では特に男女共に認められている国が多いが、スペインのフィリップ二世が英国のメアリー女王と結婚していたように、各国の王朝同士の婚姻関係が自由にできたヨーロッパの例は、日本の天皇の継承権とは同列に論じられない。

天皇の権威の根本は男系による万世一系の血統にあるのである。戦後、現皇后陛下から二代、平民から妃殿下をお迎えになってきた事実を考慮すれば、女系に天皇の血統が継承された場合、今後ますます、神聖な血脈が希薄になる恐れが充分にある。それはまさに占領軍が意図してきた日本弱体化の最大の目標である、国体を破壊する事態になるのである。万世一系の男系の皇統を守ることこそ日本の伝統を守ることであり、終戦直後の先輩たちが渇望した国体護持に繋がるのである。国の根幹に関わる問題は、単なる情緒的な感情を極力排除して決断すべきである。

なぜ男系でなければいけないのか？——我々の子孫が日本人でなくなってよいのか？——

軽々しく女帝容認論が、有識者会議といわれる首相の諮問機関の報告書として提出された。由々しきことである。皇統を守る、皇位継承という問題は、他人事ではない。日本人ひとり一人の存在意義に関わる重大な関心事であることを、もっと多くの人が理解し、なぜ、男系男子の皇統が継承されねばならないか、を理解する必要がある。

男女平等だから、とか女帝天皇も西洋的で格好いい、などという軽薄な考え方をする人たちが多いから、女帝天皇論に肯定的になる人が多いのである。なぜ、女系天皇ではいけないか、と言うことを、日本国の起源と皇室の役割に遡って理解する必要があるのだ。子供たちにも是非、この日本国の依って来たる根源がここにあると言うことを理解して欲しいのである。

「有識者会議」と言われるその委員たちの人選は、どのように行なわれたのか、と疑問に思っていた矢先、中川筑波大学教授の発言を目にして、やっぱり、と合点がいくのである。まずこの重大な問題を審議する会議の委員の人選が、こんないい加減なやり方ですまされたことを、国民は絶対許してはいけない、ということだ。

月刊誌『致知』二月号の対談の中での中川八洋教授によると、皇室典範の改悪は内閣提出法案に限られ、それを起草するのは、内閣法制局であるということだ。

この法制局内の共産党系事務官が小泉首相の了解を取り付けて行なった人選が、座長の吉川弘之氏である。座長代理の園部逸夫氏ともに、共産党系の政治活動に関わってきた人間であり、また、委員の前東大学長の佐々木毅氏は、社会主義協会系で、彼らは天皇制廃止論者である。

他の委員も押して知るべし、であり、彼らがなぜ、有識者と言われ得るか、甚だしく疑問である。これでは、諮問会議審議開始前から、はじめに結論ありき、であったと、誰しも思うであろう。

こんな人選を容認していた小泉首相を、我々は絶対に許すことができない。男系男子の皇位継承者が数名もご存命中である現在、早急にまた、拙速に女系天皇を容認するような法改正をする必要がなぜあるのか。なぜ、小泉首相は、この時期に皇室典範を改悪しようと、焦っているのか。必ず裏がある。逆に、日本の皇室の伝統をなぜ守らなければいけないか、なぜ、女系天皇ではいけないのかを、国民的議論を巻き起こすための、絶好の機会であると、私は捉えている。

●廃止論者の陰謀に騙されるな

男女共同参画社会の理念も誤った方向に進み、日本社会の倫理道徳を根こそぎ破壊しつつあるが、皇室典範に関しても、この男女共同参画と同レベルの感覚で扱おうとする勢力が、日本をますますダメにしつつある。

歴代天皇には、十代、八方の女性天皇が存在したが、女系天皇は一人もいない。二六六五年も連綿として、神武天皇以来の一二五代の男系天皇が継承されてきた、日本が世界に誇るべき万世一系の天皇である。

遺伝子工学からみると、男性の遺伝子の染色体はXY因子であり、女性のそれは、XX因子であって、Y染色体は男系男子にのみ継承される、という事実が、すべてを物語っている。その事実は知らなくても、日本民族は、それを本能的に感得していたのである。

上智大学名誉教授の渡部昇一氏が引用されているが、もっと分かり易いのは、種子と畑のたとえである。稲の種子はどんな畑にまいても、稲が収穫できる。が、同じ畑でも、籾を蒔いたら、籾ができるだけで、稲は収穫できない。だから皇室の血統（皇統）を継承できるのは、男系男子に限るのである。仮に男系女子であられる愛子内親王殿下が皇位を継承した場合、配偶者がいてもいなくてもそこで、皇統は絶えることになるのである。

ところが、有識者会議の報告書には、皇位を安定的に継承するために長子優先、という理由を挙げているが、まったくの欺瞞であり、国民を愚弄するにも程がある。天皇制廃止論者は、それを狙っているのである。また、天皇は神事を司《つかさど》る御方であられるという事実がある。正月の四方拝、秋の新嘗祭などの大祭をはじめとし、日々数々の神事を行なってこられた。それが伝統である。

その神事を行なう際には、生理中の女性は「忌」として参加できないことになっている。すなわち、女性天皇は、天皇の政事である神事をまっとうできないのである。日本の皇室は、男女平等などという浅薄な進歩的文化人の観念を遥かに超越したレベルなのである。

それを理解したら、西洋の各王国の「王室にも男女平等」などという次元の低い物言いは、日本の皇室には無縁であるということが理解できよう。「琉球新報」一月四日付け十三面の特集、および同紙六日付け夕刊の「こども欄」での女性天皇についての記述は、天皇制廃止論者の有識者会議の報告を増幅するような内容であり、県民の意識を誤導するものと危惧する。

地方紙も、もし、社会の木鐸《ぼくたく》を自認したいなら、朝日新聞や共産党のような天皇制廃止論者に迎合するのではなく、もっと天皇制の本質をついた議論を展開して、県民の意識を高揚させるという前向きな意識を持って欲しい。

●脱亜論再考——日韓には適度に応対せよ——

外務省は、何かと言えば、国交正常化とか、日中友好のため、または日韓親善のため、などと国際親善が何ものにも勝る大義名分として存在するかのような発言をし、安易なマスコミもまたそれに同調する。果たして、国際親善がそれほど国の尊厳にも勝るものなのか、しばらく歴史を振り返って考えてみたい。

日本と大陸との親交は六世紀初頭の倭の五王による南朝への奉献に遡る。その後、西暦六〇〇年の推古天皇の御世に隋の文化摂取を目的に、遣隋使が派遣された。十八年間に五回派遣されたが、その第二回目には、『日本書紀』にも記されているように、小野妹子が聖徳太子の国書を携えて派遣された。

「日出処の天子、書を日没する処の天子に致す」と言う内容で、隋の皇帝煬帝《ようだい》が無礼な！と怒り心頭に発した、という例の有名な国書である。

立国して間もない小国の倭の王が、自らを天子と呼び、時のアジアの大国隋の皇帝に宛てた、この国書の文面に溢れる気概を、負け犬根性に毒された日本の政治家・官僚たちにぜひ学んで欲しいものである。

その第一回目には、隋の高祖文帝が遣隋使に日本の風俗を尋ねて、皇帝が直接政治に関与する中国との違いに、使者に対して、倭の政治体制を改めるように訓令した、という記録が残っているが、一四〇〇年を経た現在でさえも、中華思想の尊大さは依然として変わらない事実に、遺伝子は進歩しないと苦笑を禁じえない。これは建国後間もない米国の、ペリーの砲艦外交が、いまだに米国の外交の基本姿勢だというのとまったく同じである。

中国では、隋が滅びた後、唐が起こり、西暦六三〇年の舒明天皇の御世から二十回に渡り遣唐使が派遣される。倭国の王が中華圏の皇帝に朝貢するという関係ではあったが、この間、中国の先進的な技術や仏教の伝来など日本の文化に大いに貢献した。

この時期に朝鮮半島では、唐が新羅と結んで百済を攻撃し、南の百済を日本が援助したが、白村江《はくすきのえ》の戦いで敗れた。その後九〇七年には唐は滅ぶが、その十三年前の八九四年に、第二十回の遣唐使として選ばれた菅原道真が、朝廷に建議して遣唐使派遣が廃止された。

その後、大陸との国交は途絶え、十三世紀末の二度にわたる元寇の役を経て、明の使節が博多に入貢を勧めに渡来したのと相前後して、十四世紀後半に琉球の中山王が明に入貢を始め、一四〇四年には冊封使《さくほうし》が初めて渡来した。この時期に、室町幕府の足利義満も明に入貢している。

その後、琉球と明との交易は次第に盛んになり、琉球からの進貢船が二年に一度から十年、五年に一度、そして再び二年に一度になるなど、一六四四年、明が滅び、満州出身の清朝の世になっても進貢は続いた。

琉球の国王が変わるたびに明朝の冊封使が渡来し、首里城で任命式を行なうのが常で、冊封使に随行する一行は御冠船と呼ばれる船二隻で、約五〇〇年間に二十二回来航した。

この間、十六世紀末、天下を統一したばかりの豊臣秀吉が、二度にわたり朝鮮征伐で出兵し、朝鮮の優れた焼き物技術にあこがれた大名たちは、陶工を日本に連れ帰り、その技術を吸収した。この結果、断絶した朝鮮との国交を回復したのが、徳川家康である。

対馬藩主の宗氏を仲介にして秀吉の非礼を詫び、強制連行した人々を送還し、国交を回復した。以来、江戸時代を通して十二回の朝鮮通信使を迎え入れ、一行の往復六カ月の往復路での民間人との交流が行なわれ、オランダの長崎の出島を除けば、朝鮮は、江戸時代の日本にとって唯一の正式な国交を保った国であった。面白いことに、唐芋と呼ばれ大陸から伝来したサツマイモが、日本からこの時期、朝鮮に伝わり、朝鮮の飢饉を救う役目を果たしたという史実がある。

その後、明治二十七年に日清戦争が起こり、下関条約締結後、十三人の中国人が留学生として来日し、日露戦争後の二年間に三万人近くの中国人留学生が来日した。中国は開国後、いち早く近代化に成功した日本から学ぶ道をとったのである。日本からも教育熱心な日本人は中国に学校を設立し、第一次大戦後の欧米の保護貿易政策に対抗して、日本の満州への進出への流れとなってゆく。

また、当時の日中文化交流の中で、中国が日本語から取り入れた語彙《ごい》は、新名詞辞典に収められている言葉の半分は日本語から借用したものだと言う（以上、「正論」九月号水間政憲氏より引用）。

このように国家間の交流は一方的な文化の流入ではなく、相互に影響し合うものである。しかし、それが文化・経済面に限られている間は、問題はないが、お互いの伝統文化を批判したり、政治的な言動を批判したりするに至るのは、もはや国際交流の域を逸脱している。

かの国の孔子さんの言葉に、「小人の付き合いは甘いこと蜜のごとくにして、君子の交わりは淡々として水の如し」、というのがある。

人間同士の付き合いでも同様だが、交流が行き過ぎると不必要なお節介をしたくなり、余計なところにまで干渉したくなるのは、国家間でも同じであろう。

中・韓との付き合いは、必要最低限の、淡々とした文化・経済面だけの交流に留め、政治的な干渉から身を遠ざけるのが良策というべきだろう。要は、中華思想の中国と、歴史的に中国に痛め続けられてきた小中華の朝鮮半島が、いまだに日本を中華圏の蛮族だという意識から抜けられないという事実を、我々は肝に銘ずる必要がある。

彼らにしてみれば、日本は彼らを出し抜いた蛮族の子孫に過ぎないのだ、ということである。これに関しては、第十章神道と日本人の「屹立した日本文明」の項を参照していただきたい。

福沢諭吉が明治十八年、日清戦争の九年前に、「時事新報」に掲載した社説に、脱亜論というものがある。この論文の「亜」は、シナ・朝鮮のみを代名しているが、昨今の国際的作法に無知なシナ・朝鮮を見ると、福沢諭吉の論理は、今もって正しい。遺伝子が変わらないごとく、彼らの所業は今もって変わらないのである。

聖徳太子、菅原道真、そして福沢諭吉の英断に、我々は何を学ぶか。

日本を滅ぼす日中友好――歴史に学ぶ日本の繁栄――

日本人は中国に対して、今でも憧憬に似た幻想を抱いている。『三国志』や孔子・孟子など、今でも日本で語り、読み継がれている中国古典の影響が強い。だから、中国人はみな、孔子や孟子のような考えを抱いているなどと、とんでもない妄想を抱く人さえいる。

中国人で日本国籍を取得して活動をしている石平氏が書いた『「日中友好」は日本を滅ぼす』もまた、要するに、「中国とは深くは付き合うな!」という内容である。歴史を振り返ると、古代の朝貢外交から始まり、日本が中国と親交華やかな時代は、常に問題が山積し、中国とは没交渉の時代に、日本は繁栄してきているのである。

菅原道真が遣唐使の廃止を建言して以降の平安時代約三〇〇年間は、日本独自の国風文化が開花した時期である。漢字を消化しながら万葉仮名から日本語の基礎を形成し、豊富な文学的作品が誕生した。武士の興隆と共に仏教や禅宗が庶民の間にも浸透し、仏教文化も栄えた。

十四世紀には倭寇の取り締まりを求めてきた明と、足利義満の勘合貿易が開始されたが、これも朝貢貿易であった。この時代は、下克上や応仁の乱に見られるように、世の中が乱れた。そして周知のとおり、鎖国で中国との目立った交流もない江戸時代の約三〇〇年間は、天下泰平の時代であった。

近代ではなおさら、この傾向が顕著である。まず、明治時代は富国強兵・文明開化を掛け声に、もっぱら脱亜入欧で、西欧文明の吸収に全力を注ぎ、中国との交流はごくわずかであった。それが日露戦争後、満州での権益を獲得することにより、ロシアの南下を防ぐために、大陸に関わる必要性から、日中戦争の泥沼にはまってゆく。

終戦後から一九七二年の日中友好条約の締結までの間は、戦後復興の目覚ましい時期で、中国とまったく交流がなくとも、日本は奇跡的な発展をしたのである。そして、中国との友好促進という国是が推進されるようになって以来、現在に至るまで、中国の傲慢な内政干渉に翻弄されている。

このように見ると、中国と国交のない時代の方が遥かに、日本にとってはいい時代であった。周知のように、中曽根首相と胡耀邦総書記が史上初めて国家首脳同士の私的な親交関係を築いてから、この靖国神社参拝問題が、台頭してきたのである。

まさに、君子の交わりではなくして、小人の交わりは、甘くて蜜の如くの所以《ゆえん》であろう。冒頭に紹介した本の著者は、日本人の外交的甘さを鋭く突いて曰く、「個人レベルの付き合いでも、国家間の外交関係にしても、日本人と言う民族は相手と何らかのよい関係を結んでいると、その関係を大事にしたい一心で、相手に過度に遠慮したり、付和雷同したり、忍従したりする習性がある。それが何のための関係かを問うこともなく、関係の維持自体が最大の目的に化してしまう。そのために、自らの立場を放棄しても、守るべき原則を曲げてでも相手に忍従すると言うのが、日本外交、とりわけ対中国外交の一貫した姿勢ではなかっただろうか」と。

中国ばかりでなく、なぜロシアと平和条約を結ぶのか、北朝鮮となぜ国交正常化する必要があるのか、を根本から問い直すべきである。

我々はもっと歴史に学ぶ、過去の失敗に教訓を得るという謙虚な態度と実践が今こそ必要な時はない。

アジアの中の日本――歴史を知らない日本人――

数年前に遡るが、平成十七年、終戦記念日の八月十五日、ＮＨＫが「アジアの中の日本」

と題する報道番組を放映した。町村外務大臣をはじめ、桜井よしこ氏など知識人と在日アジア人を交えての興味深い討論であった。特に、アジアの人たちの間から多く聴かれたのは、「日本人は日本の歴史を知らない」ということである。それは、私も常々感じていることで、大の大人でも、日本の歴史をきちんと語れる人は少ない、という事実に一抹の寂しさが常に付きまとう。

アジアの人が言う。「日本人がちゃんと主張しないから、日本は誤解される」。然り、これは、政府の外交姿勢に対して、我々が常に感じていることであり、国会議員でさえも歴史認識が浅すぎる人が多い。

日本人の歴史に対する軽視は、政府間の外交問題に限らず、留学生同士の話でも多々あるようである。その積み重ねが、国際間の信頼関係に繋がるのである。しっかりした自国の歴史認識を持たない人間は、留学すべきではないし、議員でも外遊すべきではないと思う。

同じNHKの番組の中で、日本人がアジアの中で歩んでゆくのにどういう姿勢が望ましいか？　という質問の回答が提示され、①自己主張をする、②相手の立場を考える、の二者択一の質問が出席者に問われた。桜井氏が、質問がおかしいとすぐ反応したが、実際、二者から一つだけ選択できる内容ではない。

この種のアンケートの陥り易い罠は、質問が回答者をある方向に意図的に誘導している、という事実である。だから、マスコミがよく使うアンケート調査の結果などは、安易に信じてはいけないのである。

同じ日、終戦記念日の戦没者追悼記念式典での天皇陛下のお言葉と、小泉首相のあいさつの内容に、月とすっぽんの落差を感じたのは、私だけだろうか。

天皇陛下は臣民たる国民ひとり一人の心情を察せられて、言葉をひとつ一つ選んで発せられているのに対して、例年のごとく、近隣諸国へ皮相な気遣いだけを示した首相の言葉には、今年もまた、しらけた思いがした。進歩の見えない人間はもうリーダーとして戴《いただ》けない、と切に思う。

これだけ情報機関が発達し、インターネットに接続すれば、探している情報は即、得られる世の中になってさえも、自国の歴史に無関心であるのは、テレビなどの余分な情報媒体が邪魔をしているからである。また、NHKが公共放送として模範を示すことができるのは、有害な報道を止め、放映時間を必要最低限にする努力をして民放各社を牽引するのが、環境問題・資源の枯渇問題に対処する態度である。

恥を忘れた日本人(一)——武士道への回帰——

李登輝前台湾総統の著書『武士道解題』読んで、日本人として恥ずかしく思う反面、李登輝氏の日本教育に対する限りない憧憬の念が身に滲みた。

氏の論ずる西洋哲学の内容に、日本語の記述であるのにもかかわらず、ついていけない自分に情けない想いを禁じえなかったと共に、李登輝氏の哲学に対する素養の高さに感嘆した。しかし、それ以上に大事なことは、この書の命題である、日本人が武士道精神を取り戻す、という李登輝氏の悲願にも近い想いである。それは全世界のためである、とも李氏は言う。新渡戸稲造の武士道に言う。ドイツの高名な哲学者、カーライルが言った、『恥は全ての徳、善き風儀ならびに善き道徳の土壌である』という、この古今東西に通ずる言葉を引用して、武士道を世界普遍的な教えであることを、紹介している。

ところが、今の日本はどうだろうか?

政治の世界、産業界、教育の世界、どこに恥の文化が見えるか? 恥知らずの事件ばかりが、報道を賑わすのが今の日本の現状だ。私たちの子供の頃は、母親から、「そんなことをしたらお天道様に顔向けできないよ」ということで、物事の善悪を教えられてきた。「ご先祖様に申し訳ない」という言葉も、同じ意味で言われてきた。そういう絶対的なものに対して、自分は誓って正しいことをするという意味である。

ところが今は、そんなことをしたら、先生に怒られるとか、隣のおばさんに叱られるよ、という言い方をする。では叱られなかったらしてもよい、となり、自己責任で善悪の判断をするということに繋がらない。恥と責任感は表裏一体のものである。

恥を知らない人間は、責任の取り方を知らない。バブル以降、政界にも経済界にも恥知らずな、責任を自分で取れない人間が増えてきている。生き恥を晒《さら》して平然としている人間が増えているのだ。少なくとも恥知らずなことをしたら、その世間の視覚から消え失せるということが、人間としての最低限の良識だと思うが、戦後の米国式民主主義は、それさえも教えてこなかったのだろう。

最早これ以上、日本を破廉恥な国にしてはいけない。武士道の精神を早急に教育界に取り戻す必要がある。

恥を忘れた日本人(二)――恥を知れ、日本人――

「アーロン収容所」

先の戦争でビルマ戦線で戦い、英軍の捕虜となった元京都大学教授の会田雄二氏にこの題名の著書がある。内容には文化人類学的な主題がいくつかあって興味深い。会田氏自身がいまだに恨み骨髄に徹するほどに思っている英国人の、人種的偏見がすさまじい。アングロサクソンに限らず、ゲルマン人、スラブ人にせよ、白人の優越主義というのは、時代が変わっても、彼らの本性は変わらないのではないか、という気がする。

捕虜の日本兵を同じ人間ではなく、家畜と同等の感覚で看做《みな》している彼らの態度には、無性に腹が立ってくる。白人のこういう習性を考えたら、世界の様々な歴史の局面に納得がいくものがある。自分たちが犬畜生と思っていた人種に戦争で手痛い目に遭わされたから、二度と立ち上がれないような仕打ちをしたり、犬畜生だから、モルモットと同様、未知数の原爆の偉力を、広島、長崎と二度も試してみることもできたのだ。

そして自分たちはいくらでも国際法に違反する行為をしながら、戦争犯罪人として敗戦国を裁くことができるのも、相手が犬畜生と思えばこそである。

国際社会を渡るには、白人のその本性を常に意識の片隅において置く必要がある。しかし、東京裁判において数人の白人の判事が、極東軍事裁判の正当性を突いた弁論を展開したように、自分の職業に誇りを持ち、人種間の偏見を越えた、不偏不党の公正な態度を賞賛するに決して吝《やぶさ》かではないし、それさえも引用しなければ、小論は偏向の誹りを免《まぬが》れない。また、戦国時代以降も幾多の白人が、日本を好意的に外界に紹介してきたことも忘れてはなるまい。

そういう理性の世界と、また戦争での極限状態での各民族の本性が現われる状況を、区別すべきではないか。

それと同時に我ら日本人、特にヤマト衆は、神州不滅の国と信じ、自分たちを他のアジア人より優秀だと思ってきたことが事実であることも、認めなければならない。

会田氏がこの書の中で述べている、日本人の最も忌むべき習性が端的に現われているのが、あの終戦の時の、「一億総玉砕」が一夜明ければ、「一億総懺悔」に変わり、恬《てん》として恥じない態度である。

権力を持つ者には媚びて、力のない者に対しては威張る、あの卑屈な態度である。精魂込めて戦った戦争を、私たちの戦争は間違っていた、と一夜明ければコロっと態度を変えて言う人間を、誰が信用するか。

同じ意味で、いまだに、公の場で、日本の先の大戦は間違っていたと謝罪を続ける政治家は、人間として絶対信用できないのである。

日本は国運をかけ、国民が一丸となって戦ったが、時に利あらずして、敗戦の憂き目に遭ったのだ。各戦闘の局面においては、個々の判断の誤りもあったであろうが、正統性のある戦争を戦ったのだ、という一貫した態度を、我々国民は堅持するべきだ。

生きていた武士道——ジャワ沖海戦の工藤少佐——

日露戦争においては、日本軍の将兵が敵に対してとった人道的な行為の例は、枚挙に暇がないほどである。

それだけ武士道の精神が軍人の間にまだ色濃く残っていた。が、先の大戦では、ほとんど聞かれなかったが、九月十一日付け「産経新聞」紙上に掲載された駆逐艦「雷《いかづち》」の艦長の工藤俊作少佐の敵兵救助の記事を読んで、救われた気分になった人は少なくないだろう。こういう戦時中の話をすると、すぐに、戦争を美化する、という定型平和主義の常套句を連発する徒輩《とはい》がいる。

人生を見なさい。雨の日もあれば、晴れの日があり、嵐があれば雪の日もある。今日結婚しても一カ月後には離婚している。人間の判断力なんてそれほど当てにならない。

戦争の日々も、平和でのんびりとした日々も、人生の一ページに過ぎないのだ。大事なことは、今、現在起こっていることに、誠意を込めて、精一杯対処することである。それでも戦争になったら、精一杯戦う、そういう意志さえなくて、平和が保たれると思うこと自体、間違っている。

駆逐艦「雷」の話に戻ろう。

昭和十七年三月と言えば、前年の十二月八日の真珠湾攻撃以来、日本が連戦連勝の後、マレー半島を南下し、シンガポールを占領した破竹の勢いの時である。

ジャワ沖海戦で英国海軍の駆逐艦二隻が、日本海軍に撃沈され、乗組員四六〇名が海上に漂流を続けていた。前日には同じ海域で日本の輸送船が敵潜水艦の攻撃で沈没していた。そういう状況下で、自らの危険を顧みず、漂流する敵兵の救助活動に当たった。味方の兵員数に倍する敵兵を収容した艦上で、救助された英国将兵に言った工藤少佐の言や善し。

「貴官は勇敢に戦われた。今や日本海軍のゲストである」と。平時の厳しい訓練と修養があればこそ、こういう場面で自然に言えるのであろう。

これは、那覇在住の恵隆之介氏（元海上自衛隊二尉）が、日英の関係者への取材から構成された記事である。

これに対し、昭和十九年八月、日本の敗戦色濃い時期に、沖縄から疎開児童を乗せた対馬丸が撃沈された。米国潜水艦ボーフィン号は、対馬丸とそれを囲む船団に魚雷を発射しながら離脱し、浮上しつつ数発を発射したという。民間の船団、それも児童多数の乗船する船を撃沈し、一人の救助もなし得なかった軍隊は、やはり、無防備な全国の都市を爆撃し、広島、長崎の無辜《むこ》の民衆を虐殺したのと同じ軍隊である。

この二つの例を比較するだけで、その当時の、両国軍の人間性の品格の差が、歴然としているではないか。

平成二十六年六月二十七、二十八日に今上天皇皇后両陛下が、那覇市の対馬丸記念館に行幸啓され、両陛下と同年代の犠牲になった疎開児童たちを慰霊されました。昭和十九年八月に非道な米海軍潜水艦に撃沈されて以来、七十年になる今も、対馬丸は悪石島沖の海底に眠っている。

戦争をできる国になれ――真の平和教育とは何か――

戦争を語り継ごう、と言いながら、現在の子供たちに対する平和教育は、本当に平和の大切さを教えているのだろうか？　特に沖縄戦の舞台となった沖縄では、戦争の一面だけを増幅して、たとえば残虐さ、悲惨さだけを強調して教えているのではないか。そして、子供たちに、戦争は悲惨だから嫌だ、平和を護ろうと、言わせているだけではないのか。

日本人の戦争観は特殊である、と日本人は考えずにというか、考えないように戦後の教育はなされてきた。世界的に観れば、日本人が考える「戦争は絶対に悪だ」という考え方は、異常である。戦後の日本人は、戦争は絶対悪で、平和は絶対に善だと教えられてきた。特に沖縄の平和学習は、ただ戦争の悲惨さのみを強調して教えてきた。だから、敵が攻めてきたら戦争はダメだから、降伏して平和に暮らすという実に不甲斐ない人間を作り出してきた。

ただ、世界中の人々は戦争は善であるとは考えないが、何があっても戦争は避けねばならない、とは考えない。中国共産党が行なう戦争は正しい戦争であると中国は考え、アメリカはアメリカが主導する戦争はすべて正義の戦争だと考える一方、日本の戦争は侵略戦争で悪であると決めつけてきた。日本人が、戦争ができる国になることをもっとも恐れるのは、中国、韓国であり、アメリカである。

だからこそ、日本の内政に事あるごとに難癖をつけるのである。日本人は、「主権が侵害されたら戦争をも辞さない」と世界に宣言するだけで、外交環境がガラッと変わる。それが日本が、普通の国になるということである。

日本人は必要とあらば、戦争をも辞さないと覚悟するべきである。それは、世界中の普通の国の人々が、普遍的に持っている覚悟である。戦争ができる国になるというと即座に拒否反応を示すのは、敵が攻撃してきたら即座に白旗を上げる人々である。日本が行なった戦争は悪を駆逐する正しい戦争であった、と子供たちに教えることこそ、戦後体制からの脱却の第一歩である。

日本人は占領軍によって戦争のできない国にされたまま、戦後七十年を迎えようとしている。それを変えることが戦後体制からの脱却であることは明らかである。

教育として戦争を語り継ごうというならば、「戦争は政治の一手段である」ということを出発点として教えなければ、戦争を語ることにならず、悲惨さばかりを強調しては片手落ちである。なぜ戦争になったのか？　どうすれば、戦争を防げたのか？　それを考えずには教育とは言えない。

平和は戦争のない状態をいうのであって、平和よりも大事な、戦争をあえてしてまで守るべきものがあることを考えさせ、教えることが教育である。

李登輝氏がその著、『武士道解題』でも引用されているが、吉田松陰の句、

かくすれば
かくなるものと
知りながら

やむにやまれぬ大和魂

これこそ、日本が戦争に突入せざるを得なかった、偽らざる心情であろう。誰も命を粗末にしてまで戦争や闘いなどしたくない。しかし、自分の義をまっとうするため、言い換えれば、自分の生きている意義を示すために、人間は死をも厭《いと》わない場合がある、ということを子供たちに教えることが、本当の平和教育である。

ところが、現在の平和教育はその肝心な部分を避けて、戦史という戦争の歴史という重要な部分にはまったく触れていない、というより故意に避けている。なぜ戦争を始めなければならなかったか。どうすれば戦争を避けることができたか。そういう観点から学習することが、平和と戦争について学ぶことであろう。

世界の中には、自ら武器を持って戦わねばならぬ状況にある子供たちがいるということを知る必要がある。

恥を忍んで生き長らえることばかり教える教育が正しいのか。それこそが前述のような、恥を忘れた日本人をつくる原因ではないか。

明治十年、血気にはやる若者たちに自らの命を委ね、西南戦争に立ち上がった西郷隆盛の詩がある。

偶感

西郷南州　作

幾たびか辛酸を経て　志始めて堅し
丈夫は玉砕するも瓦全を愧《は》ず
我が家の遺法人知るや否や
児孫のために美田を残さず

この西郷隆盛の七言絶句の心意気とはまったく逆に、やるべき時にやるべきことをせずに、節を曲げても瓦となって長生きさえすればよい、子孫にも財産をたくさん残せばよい、という貧しい心根が現在の日本に蔓延しているのは、まことに嘆かわしい風潮である。四十四年前に、三島由紀夫氏が切腹してまで、訴えたかったのは、まさにこのことではないだろうか。

歴史に学ぶ、戦史に学ぶ

歴史教育は、戦争の悲惨さを語り継ぐ式の、平和学習的側面のみが強調されてきたきらいがある。歴史の中の事象はそれだけを取り上げて理解できるものではなく、かならずその事件に到る経緯や長い間の積み重ねがある。

大東亜戦争に限って観ても、日露戦争の戦後処理が米国の対日感情を悪化させた一因であったことは否めない。満州の権益を狙っていたものの、満鉄の経営への関与を日本から拒絶された米国は、大陸への日本の影響力を食い止めるために張作霖を支援し、反日運動をあおった。

その後、日本と対峙する蔣介石の国民党を背後から援助し続けた。第一次大戦では、日本は日英同盟の誼《よしみ》からドイツに宣戦布告し、山東半島、青島の権益を引き継ぎ、調子に乗って二十一か条の要求を中国に付きつけ、さらに列強と共同でシベリア出兵したものの居座り続け、ロンドン軍縮条約に端を発した統帥権干犯問題が軍部の独走を許し、陸・海軍大臣の現役武官制度で、陸軍の意向一つで内閣をつぶすことができたことが、さらに陸軍の横暴を助長させる。いくら軍部が横暴でも、国を動かす最終的決断は政府の手にある。

歴史を振り返ってみると、一国の運命を左右するような重要な転機というべき時がある。たとえば、政府が日独伊軍事同盟に走った時、近衛首相の下、広田外相、米内海相が支那からの撤兵を退けた時、フランスとの合意を無視して南部仏印武力進駐を強行した時、等々枚挙に暇がないほど、様々な局面での決断の適否がその後の日本の運命を左右してきた。制度的なもの、政治的なもの、すべて人事である。決断をすべき様々な局面で悪い方に舵を取っていった経緯や、人事の不備を歴史から学ぶことができる。

歴史の一部である戦史を見ても、水雷が専門だった南雲忠一中将が、空母を主体とした航空艦隊の機動部隊を率いたことも人事の不備であり、全戦闘期間を通じて機動部隊を率いながら、敵から逃げてばかりいた栗田艦隊、敵前逃亡した冨永恭次中将、軍機密を敵に取られた福留繁中将等々、軍上層部の失敗の責任はまったく追及されず、現場の人間だけが詰め腹を切らされる構図は、現在もまったく変わっていない。

歴史、戦史はまさに人類の知恵の宝庫である。失敗を謙虚に認め、そこから学ばない人間に成長はない。

カミカゼの後裔たち

数年前、韓国で出版された後、政府の検定機関から「青少年有害図書」に指定され、事実上販売禁止になった『親日派の弁明』という本がある。その中の第三部の副題が「カミカゼの後裔《こうえい》」である。著者は金完ソプという名のれっきとした韓国人である。一読して、こういう冷静な韓国人が増えてくれば、日韓関係も各段に改善されるだろうという印象を受ける。

思い出してもみるがいい。韓国にせよ、中国にせよ、日本との摩擦があるごとに、日本の国旗を焼くような傍若無人な品性が疑われる振る舞いをするが、日本人は、少なくとも、他国の国旗を焼くなどという、国家を侮辱するような行為に対しては理性的歯止めを利かせることができる。

現在の日本と中国・韓国・北朝鮮との間の膠着した関係の原因は、大きく分けて二つある。

第一は、国家間の摩擦を避けるあまり、毅然とした態度を世界に示してこなかった日本政府と、事あるごとに中・韓に迎合してきた日本の政治家やマスコミの悪影響が甚大である。

第二は、中国・韓国・北朝鮮における反日教育の結果である。要するに、双方が間違っているのである。間違っていながら、素直にそれを認めもせず相手の立場を無視して、自分に都合の良いことばかりを言ってきたのである。口先だけは、未来志向と言いつつ、問題の本質からかけ離れた議論ばかりを優先させてきた結果が、現状である。

中国・韓国が歴史を歪曲して自国民を反日に駆り立てる教育に対しては、日本人は声を大にして、世界中に訴え続けねばならない。韓国は日本と独立戦争を戦い抜いたという虚偽の歴史を子供たちに教えている。冗談ではない。日韓併合下で、韓国人は日本人として連合国と戦ったのである。それが、日本が敗戦するや、手のひらを返したように、自分たちは戦勝国だと主張してきたのである。

敗戦後の日本での第三国人の横暴さは、諸先輩方から聞き及んでいるが、中国も韓国も、サンフランシスコ講和条約の締結国には名を連ねてはいないのだ。にもかかわらず、我が国の首相の靖国神社参拝に文句をつける筋合いと根拠がどこに存在するのだろうか？　支離滅裂とはこのことである。

竹島の領有権問題にしても、歴史事実を歪曲《わいきょく》して主張している。韓国が拒否してきた国際司法裁判所へ引っ張り出せば、日本の正しいことが証明されるだろう。

歴史を歪曲し、日本の残虐さを殊更増幅して、中国各地に抗日記念館を造り続けている中国も同罪である。左手でご馳走を振舞いながら、右手では、抜き打ちざまに蕃刀で切り付けてくる、そんな態度の人間を、誰が信用できようか？　その事実を、まず認識しなければならない。

前述の本に戻ろう。

著者はこの中で、ハワイとプエルトリコの例を挙げて、この両国の歴史が韓国のそれと類似している点を踏まえながら、仮に終戦後、朝鮮半島が日本と分離されていなかったら、現在の韓国人の生活は、はるかに豊かだったと容易に察することができる、とまで言っている。

朝鮮民族はよく日本の植民地時代の悪行をあること、ないことを並べ立てるが、西洋列強の搾取一辺倒の植民地政策に比して、日本が統治した台湾と朝鮮を日本国内と同じ水準にまで引き上げようと、投資、開発、教育と産業の育成のために尽くした日本の政策との間には、天地の開きがあることを、日本人はもっと知るべきである。そして、謂《いわ》れなき日本への中傷と非難、歴史の歪曲には、毅然とした態度を示していかねばならない。

三島由紀夫の志を継ぐ――憂国忌に寄せる――

東京市ヶ谷で作家三島由紀夫が自らの壮絶な死をもって国民に奮起を促して以来、平成二十六年十一月二十五日で四十四年になる。

当の自衛隊は終戦後の米ソ冷戦の始まりと共に、日本を極東における反共の防壁とすべく警察予備隊として創設された。講和条約発効後、警察予備隊と海上警備隊を統合して保安隊が組織され、朝鮮戦争後には防衛庁設置法および自衛隊法が可決されて発足した自衛隊という名称には、欺瞞《ぎまん》の匂いが強い。

憲法第九条との整合性のため与えられた自衛隊という名称のゆえに、また日本国国軍という正式呼称を名乗れない状況下で、国家の防衛という崇高なる使命を担う組織の人々が、いかに肩身の狭い思いをしてきたか。自衛隊は軍隊であり、現行憲法では憲法違反である。

そういう簡明な議論を展開せずに、安全保障問題になると、憲法第九条に真正面から向き合うこともせず、法制局の法解釈に逃げ込むという常套手段を繰り返してきた歴代政府がもたらしたものが、日本人の魂の腐敗である。

この国家を挙げての欺瞞が、子供たちに与えてきた弊害は計り知れない。

海外で危機に瀕した国民を自国の軍用機で救出もできない法体制下にありながら、自衛隊の海外派兵に関しては、武器不携帯等々、小手先の議論や現実から遊離した空理空論ばかりで国会が莫大な歳費と、貴重な時間を浪費した挙句、肝心な日本国防衛体制の構築の議論を避け続けてきた国家は、習慣は第二の天性と言われる如く、まさにその腰の引けた逃げ根性が今の日本国の性格を形造ってしまった。教育の退廃、経済界の不振、大企業の商業道徳の凋落、これらはすべてこの性格に起因する。

三島由紀夫の檄文《げきぶん》は言う。

「国の根本問題である防衛が、ご都合主義の法的解釈によってごまかされ、軍の名を用いない軍隊として日本人の魂の腐敗、道義の退廃の根本原因をなしてきた。最も名誉を重んずべき国軍が、最も悪質な欺瞞の下に放置されてきた」

そういう情況を許してきたのは、他でもない我々国民ひとり一人である。我らが選んだ政治家のすることは結局、我々の責任として跳ね返ってくる。憲法改正もせず、自衛隊を憲法違反の存在のまま、国民と国家を護る存在として位置づけてきた、この矛盾に我慢がならないのは、当の自衛隊自身であるはずだ。

まさに三島氏が言うように、「自らを否定する憲法を護れという屈辱的な命令」を半世紀に渡って受けてきたのは彼ら自身である。国を守り、国民を護ることに誇りが持てるのは、自らの存在が正当に位置づけられ、評価されることが大前提であろう。三島氏が自衛隊に訴えたかったのは、自らを誇りうる存在にするため国民と一体となって世論を喚起し、真っ当な国家防衛体制を構築せよ、ということであったに違いない。

自衛隊法はその成立の経緯からして警察予備隊令に始まり、保安隊法になり、自衛隊法になったもので、その基は警察の法律である。

小室直樹法学博士によると、警察の行動は法律で厳密にやる条項を定められているが、各国軍隊の法制はこれだけは絶対やってはいけないことだけが決まっていて、それ以外は原則無制限である。だから警察法をベースにした自衛隊法の場合、何か事あるごとに新たな法律を作らねば対処できないことになる。そういう不備な防衛法制の下に我々は置かれていることを認識しつつ、憲法第九条をはじめ防衛法制全般を今こそ根本から見直し、国家を挙げての道義的退廃から一日も早く回復することこそ、日本再興の道である。

占領下体制を破棄せよ！――東京裁判無効宣言！――

安倍首相は、「戦後体制からの脱却」を標榜しているが、「戦後体制」という以前に、日本は占領軍政下の様々な施策にいまだに拘束されている。昭和二十七年のサンフランシスコ講和条約発効後も、日本は占領体制下で強制された政策を「占領下の呪わしい遺物」としてどのくらい廃棄し、日本社会を本来あるべき体制に復帰させたのだろうか。

まず、東京裁判は占領体制下で、占領軍が戦勝国だけからの判事を招集して、敗戦国日本に復讐する裁判でありながら、Ａ級戦犯と呼ばれた七人は処刑され、ＢＣ級戦犯でも九三四名が死刑に、また終身刑を含めると四〇〇〇名もの同胞が非人道的な裁判により、アジア各地で処刑され、セレベス島の堀内豊秋大佐のような人道的な将兵が、単なる報復のために処刑された事例は少なくない。

サンフランシスコ講和条約発効後、国会は「東京裁判で戦犯とされた人々も国内法では犯罪人ではない」とした決議をし、遺族援護法の適用に至った。しかし、靖国神社の問題にも顕著なように、いまだに東京裁判の亡霊が日本の空を覆っている。

「東京裁判は国際法上、間違った裁判だが、戦犯として判決を下された人々の処刑は済み、罪であったとしてもすでに償われている。また、赦免《しゃめん》された人々も日本国の国会で、犯罪人ではない、と決議された人々である」

東京裁判に関しては、佐藤和男著『世界が裁く東京裁判』のように数多くの名著が出版されている。東京裁判が国際法に違反した裁判であったことは、すでに世界の定説になっている。日本政府は改めて東京裁判の無効宣言を発することで、国民の覚醒を促す必要がある。

現憲法を廃棄せよ！――憲法問題の根幹――

五月三日、憲法記念日が日本国の祝日として定められている。しかし、私は国旗を半旗にして掲揚する。なぜか？　占領下で強制的に押し付けられた憲法であることは、吉田茂の側近として占領軍との交渉や、憲法の作成過程に深く関わってきた白州次郎の述懐を聴くまでもなく、現日本国憲法は占領下で押し付けられた屈辱的な憲法であると認識しているからである。八月六日の広島への原爆投下、九日の長崎原爆、そして十五日の敗戦の日と同様に、この屈辱を忘れまいとする、自らを叱咤する思いで半旗を上げるのだ。

五月三日、全国で護憲、改憲のそれぞれの立場で憲法論議が盛んになっていることは、好ましいことではある。しかし、この空虚な違和感は何だろうか。改憲とは、前提として屈辱的な占領憲法を認めた上で、それを改正することではないか。護憲派も改憲派も、肝心なことを抜きにして議論している。

憲法の各章各条の内容を議論する以前に、現憲法の成り立ちが正しかったかどうか、日本人として誇りを持って受け入れることができる成立過程であったのか、それがもっとも重要なことである。これこそが憲法問題の根幹の、日本人の魂の尊厳に関わることである。

護憲派がこの屈辱的な憲法の成立過程を知っていながらなお、護憲の旗印を掲げるなら、日本人としての尊厳と誇りを失った売国奴である。改憲派は現憲法を破棄し、大日本帝国憲法の改正を求めるのが、筋というものである。それでもなお、護憲派が求めるような現憲法に似た新憲法が国民の総意として、もしできたとしても、それは、現在の屈辱的憲法とはまったく異なる、日本人の手になる誇るべき憲法であることを、護憲派は改めて認識すべきである。

安倍政権は憲法改正をする方向に動いているが、憲法を改正するということは、占領下で押し付けられた現憲法を認める、という前提に立つ。それでは、占領下政策の単なる継承・改正に過ぎない。占領下体制を脱却するには、現憲法をまず廃棄することが必要である。然る後に大日本帝国憲法を復活させ、「内閣」条項など、欠陥部分を補うなどの改正をすることが、本来の日本独自の憲法を我々が持つことになる。

現憲法の改正ではなく、現憲法を廃棄し、大日本帝国憲法を改正することが、独立国の取るべき道である。

●神道指令と皇室令

もし仮に、米軍占領下にあるイラクで、イスラム寺院（モスク）へ行って礼拝することを禁じ、学校では子供たちへのイスラム教育を禁じ、国家が財政上、政治上イスラム教に関わることを一切禁じたとしたら、どうなるであろうか？

バチカンの法王が僅かでもイスラム教を差別する発言をしただけでも、世界中の回教徒が反駁する宗教界である。イラクで、もしそんなことが起これば、収拾のつかない混乱状態に陥り、米軍は撤退を余儀なくされるだろう。

しかし、この仮定の話が、終戦直後の十二月十五日の日本で実際に起きたのである。占領軍、GHQ最高司令官マッカーサーの代理として参謀副官陸軍大佐H・W・アレン名で発令された「神道指令」がまさに、日本人の心の中にまで踏み込んだ野蛮ともいうべき占領政策である。

この指令の最後には、日本政府に三カ月後までに具体的措置を報告する義務を課し、個人の責任において実行すること、すなわち実行しない場合の公職追放処分を言外に匂わせている。

公務員の神社参拝禁止、学校での神話・伝説の教育禁止などから、公文書での「大東亜戦争」「八紘一宇」の用語の使用禁止に至るまで、微細に渡り干渉したのである。

さらに昭和二十二年十月には、皇室弱体化を目指して皇室令を廃止し、皇室財産を激減させ、十一宮家を臣籍降下させたがために、現在に至り皇統の危機が現実味を帯びてきたのである。これらの占領軍の政策が、サンフランシスコ講和条約、すなわち日本が独立を回復した後、六十二年を経た今でも、廃棄されずに存続していること自体、理解に苦しむことである。

天皇陛下には憲法で定められた国事行為以外に、皇室祭祀があり、大祭、小祭、旬祭があり、年間を通して行なわれる儀式は、ひとえに国民の安寧と国家の繁栄を祈願することであり、天皇はまさに国民のために、「祈る君主」であり、祭祀王であられる。

●君主の宗教は国民の宗教

戦後の日本は、この神道指令で命令されたままの「政教分離」を楯に、皇室の神事、儀式を天皇家の私的行事と位置づけるなど、本末転倒もはなはだしい。政教分離こそが占領軍の日本弱体化政策そのものである。皇室財産を復原させ、天皇陛下が存分に国民のために祭祀を遂行していただくことこそ、国家安寧の基本である。

神道を宗教と位置づければ、天皇陛下が国民のために祈る神事こそ我が君主の宗教であって、即国民の宗教も神道であり、政教一致が自然の姿であることになる。政教一致であれば、公明党には何の文句も言わせない、靖国神社問題も起こり得ないのである。

「その国の君主の宗教は国民の宗教」であって、他国の宗教には口を出さないのが、一六四八年のウェストファリア条約以来の約束事ではなかったのか。

日本の君主の神聖な宗教に、「神道指令」という穢《けが》れた手を触れた米国の蛮行は許せない。日本と同じ立憲君主国のイギリスでは、英国国教会（アングリカン）が英国王室の宗教であり、かつ国教であり政教一致であるが、スコットランド教会もカトリックも、イスラム教徒も信教の自由は束縛されない。

政教分離政策こそ占領軍の神道指令が現在でも生きている証拠であり、今こそ、一連の占領軍制下政策を破棄し、旧宮家の復活、皇室財産の復原、政教一致、教育勅語の復活等々、日本本来の姿に戻ることこそ日本の教育再生の原点である。

無防備な国籍法を即刻、改正せよ

石平という名の評論家がいる。平成十八年、日本に帰化し日本国籍を取得した元中国人である。石平さんの話では、法務局へ出向いて帰化手続きをした時、聞かれた内容は、『1、在日年数　2、安定した収入の有無　3、犯罪歴の有無』の三点だけだったというのである。この三点だけをクリアすれば日本国籍が得られるというのである。

これを聞いて思い出すことがある。あるテレビ番組に出演していた張何某という中国人女性が、日本国籍を取得した話をして、違和感を感ずるとか、日本人と言われれば嫌悪感を感ずるというような発言をするのを観て、なぜ日本を愛せないこんな外国人に日本国籍を与えるのかと怒りを覚えたことがある。

一般的には、国籍を取ることは即ち、その国に殉ずる、その国のために死ぬ覚悟があることを示している。石平さんによれば、日本国に対して何の覚悟も義務も要せずに、至極簡単に国籍を取れることに、石平さんはこれはおかしい、日本に敬意を持ち、日本の伝統文化を愛することを帰化申請の条件にせよと怒っているのである。石平さんのような日本を愛する外国人の帰化は我々も歓迎するが、前述した例のように日本が嫌いで、反日的意図で別の目的を持った外国人が、いとも簡単に日本国籍が取れてしまうような制度はまったくの無防備で危険である。

中国からの石平さんのように、韓国から李善花さん、台湾からは黄文雄、金美齢さんたちのような優秀でこよなく日本を愛する人たちが帰化している。そして日本のために言論・執筆活動を精力的にこなしている。

反面、反日的言動を弄（もてあそ）びつつ、芸能活動をする歌手や日本が嫌いで文化勲章を辞退したノーベル賞作家など、日本人として生を受け、日本社会に育まれながら、日本が嫌いな人たちもいる。

どちらが日本に有益か、有害かの野暮な対比はしないが、日本が嫌いなら、好きな国に移住すればよいだけの話である。平成二十五年、文化勲章を受章した高倉健さんのように「日本に生まれて本当に良かった」と率直に発言できるのが、本当の日本人である。

国際法第五条に、法務大臣が外国人に帰化を許可する条件として六項目が掲げられている。引き続き五年以上住所があり、二十歳以上で善良で生活能力があり、特別な事情があれば二重国籍も認めるが、日本国に対する忠誠とか義務に関しては、一切触れられていない。国籍を取得することは、その国に殉ずる覚悟を持ち、その国の伝統文化を愛することが基本ではないか。その観点が、この国籍法から欠落している。

一般の日本人は国籍法など眼を通す必要もないから、読んだこともない人が多いだろうが、もし読めば、この異常さに愕然とするに違いない。

国会議員の定数は衆参両院合わせて七二二人で、全人口の一億三〇〇〇万人との対比で計算すると、現在の日本の朝鮮半島系帰化人三十二万人に対して二人の帰化人議員が適正数である。ところが、実際は九十二人の帰化人国会議員がいる。これは異常に高い数である。もちろん帰化した人でも日本を愛し、日本のために命を捧げる決意の帰化人もおられるに違いない。しかし、こんな無防備な国籍法を通して日本国籍を取得した帰化人の中には、前述の張何某のように日本に忠誠を誓えない人間がいる。

中央の国会ばかりでなく、地方議会でも同様な問題があることを、我々はしっかり認識しよう。それほど危険な国籍法なのだ。

これでは反日的意図を持った外国人が、いとも容易く国籍が取得でき、国家崩壊にも繋がる由々しき国籍法ではないか。愛国心のない人間に容易に日本国籍を与えることは、日本を内部崩壊させる要因に繋がる。昭和二十五年の施行以来、六十年以上もの間、この能天気な法律を護ってきた政治も司法も国民も、みな平和ボケに違いない。

第十章——神道と日本人

アジアの王朝と日本の皇室

平成十八年に遡るが、十一月二十四日夜、フジテレビ系で朝鮮王朝最後の李垠王とその妃殿下になる梨本宮方子内親王の物語が報道された。最後に、「この物語はフィクションである」とテロップが流れた理由は解せないが、陸軍大将梨本宮の長女方子（まさ子）女王が李氏朝鮮最後の皇太子と結婚されたのは、歴史的事実である。この史実をフィクションとして報道するのは、昔なら不敬罪に当たる。大正から昭和初頭にかけてのちょうど、日韓併合時代であるから、韓国人の反発が強かったであろうことは、容易に想像がつく。

方子女王は李垠王亡き後も韓国に渡り、夫の遺志をついで、子弟の教育に一生を捧げられた。ご自分の使命を自覚され、反日風が吹く国で両国の架け橋としての実績を示されたことに敬意を表したい。

一方、日清戦争で日本に敗れた清国は、英国を先鋒とする西洋列強諸国の侵略に遭い、各国に租借地を割譲させられる。

愛親覚羅《あいしんかくら》溥儀は、一九〇八年に西太后によって三歳で清国皇帝として擁立され、一九一二(大正二)年、辛亥革命により中華民国が成立し、帝位を失う。が、当時の中国は北洋軍閥、国民党、共産党などいくつもの政府が乱立し内戦を繰り返して、国家の体をなしてはいなかった。

満州事変が始まると、「王道楽土」を夢見た日本の関東軍の援助を得て、満州国建国後の皇帝に復位する。その実弟の溥傑が日本で嵯峨侯爵家の娘、浩と結婚し、その娘が、福永嫮生女史である。

これに対して西洋諸国の植民地統治を見ると、たとえば米国の場合、ハワイを併合する時に、ハワイのカメハメハ王朝を完全に滅亡させてしまった。ハワイの女王は、日本の明治天皇に救援を求めてきたが、日清戦争の当時で、日本は米国と事を構える国力がなく見殺しにせざるを得なかった。また、英国はビルマの王朝をも滅亡させた。植民地の王朝は全滅させるのが鉄則であった。

西洋諸国の植民地政策は、植民地の社会基盤や原住民の教育・福祉には一切関わりなく、ひたすら、自国の原料・資源供給地として搾取するだけであった。

西洋の植民地統治が、日本の台湾、朝鮮半島、満州などを領有していた時と決定的に異なるのは、まさにこの点である。

●虐殺の原罪に脅かされる米国

アメリカの歴史を振り返ると、原住民インディアンの大量虐殺、そしてアフリカ人奴隷の酷使、これらはすべて人種差別からくるもので、やはり、彼らは有色人種を人間とは看做《みな》していなかったのである。まさに、アメリカの歴史は「血塗られた歴史」であり、その汚辱の原罪を少しでも晴らすために、南京事件をデッチ上げ、国際法に違反する東京裁判を演じて、日本を悪者にし、己の犯した罪悪を糊塗しようとしたのだ。

さらに、原爆投下と絨毯《じゅうたん》爆撃による日本人非戦闘員の大量虐殺で原罪の重みを加算したがゆえに、正義と聖戦の美名の下で自国を正当化するために、その後も世界各地で、戦争を引き起こす悪循環に陥っているのである。

十五世紀以降の世界史はまさに、西洋諸国の植民地争奪の歴史であった。第一次世界大戦にしても、植民地争奪戦に後《おく》れを取ったドイツ、イタリアが起こした戦争とも言える。そしてその流れが、第二次大戦に繋がる。

そういう大きな流れの中で世界史を見ると、大変興味深い。

伊勢神宮の森(一)――日本はまさに神の国である――

著名な歴史学者のアーノルド・トインビー博士をして、「世界で最も神聖なる地」だと感嘆せしめた伊勢神宮を始めて参拝する機会を得た。

八月十五日の終戦の日に、高市沖縄担当相以外、誰も靖国神社を参拝しない、この情けない政府に愛想をつかして、私は、天照大御神様に「敷島の大和の国に、今一度、大きな光を当てて再興していただくよう」、この夏、参拝したのである。

伊勢路を車窓から眺めると、八月中旬だというのに、延々と続く田んぼは黄金色に染まり、中にはすでに稲刈りを済ませた区画もある。

千古の昔からの森に囲まれた砂利道を踏みしめると、

「なにごとかおわしますかは知らねども　かたじけなさになみだ　こぼるる」

と古の歌人が詠《よ》んだような心境になる。

思いがけなくも、多くの若い人たちの参拝する姿に接して嬉しくなった。

外宮から内宮に行く道路沿いにもいくつかの神社、仏閣が見える。日本人は宗教心がないと、日教組の教師から教えられた自分は、今更ながら、日本人の宗教心の深さに感心すると言えば、嘘になるだろうか。

日本人の心の底には、伊勢神宮の森の中に深閑とおわします「天照大御神様」のお姿が鎮座してござるのだ。

皇大神宮（内宮）には、日本国民の大御親神と崇め奉る皇祖天照大御神を祀ってある。天照大御神は歴代の天皇が皇居内でおそばにお祀りされたが、第十代の崇神天皇の御世に、初めて皇居をお出ましになり、大和に祀られた。その後、各地をご巡幸の後、第十一代垂仁天皇の時代（二〇〇〇年前）に、現在の地、伊勢神宮に鎮座された。

内宮の東方約四キロのところにある、豊受大神宮（外宮）に豊受大御神が祀られている。第二十一代雄略天皇の御世（西暦五世紀）に天照大御神のご神慮によって丹波の国から現在の地にお迎えした。

豊受大御神は天照大御神のお召し上がりになる大御饌《おおみけ》（食物）の守護神であり、我々の生活を支える一切の産業をお守りくださる神様である。

この外宮の御垣内にある御饌殿《みけでん》において、毎日朝夕の二度、天照大御神をはじめ豊受大御神、両宮の十四カ所の別宮の神々にお食事を奉るお祭りが行なわれている。外宮ご鎮座以来、一五〇〇年間、雨の日も嵐の日も休むことなく、続けられてきたことは、まさに驚くべきことであり、日本は、まさに「神の国」である。

さらに驚くべきことは、天武天皇が定められた後、持統天皇の御代に始めて「式年遷宮」という古例のままに御社殿や御神宝を始め一切を一新して大御神に新しい神殿に御遷りいただく儀式を、二十年ごとに繰り返し、平成二十五年十月には、第六十二回目の遷宮が執り行なわれた。

しかもその八年前から「お木曳き」など遷宮に必要なお祭りと行事が行なわれ、一三〇〇年以上もの間、それが二十年ごとに繰り返されてきた。まさに世界史に類を見ない、日本の誇るべき伝統であり、宗教なのだ。

祈りに囲まれた国人――多様な信仰形態――

ある書物で、日本人は祈りに囲まれている、という言葉に出会った。日本中にお寺があり、神社があり、街道筋にはお地蔵様や道祖神が立っている。沖縄には御嶽（ウタキ）があり、殿（デン）がある。海にも山にも、森の大木にも神が宿る。針、はさみを使い古せば針供養、はさみ供養もする。至るところに八百万《やおよろず》の神がある。祖先を敬う美風が沖縄にはある。祖先を大事にすることは、社会の最小単位である家族を大事にすることである。

信仰、祈りの対象が至るところにある日本人は、まさに「いのり」に囲まれている。昇る朝陽に手を合わせ、祖先の供養に合掌する姿は美しい。

家に神棚を祭り、仏壇を備え、年始参りに神社やお寺に行く日本人の習慣を、毎週日曜に教会に行く西洋人が理解できないということで、日本人の宗教心の欠如を云々する知識人の論調が幅を利かした時代があった。しかし、今思うに、それは日本人の奥深い信仰心を理解できない認識不足であると思う。

我々が子供の頃、日本の伝統・文化を否定する占領軍の政策が日教組に受け継がれて幅を利かしていた時代の名残りだ。いまだにその悪弊が尾を引いているのは癪だ。

「学校の給食時にうちは給食費を払っているのだから、子供に頂きますと言わせないでくれ」と言った親がいたそうだが、感謝をする心さえも親が持てないようでは、子供たちの将来はどうなるのか。

自分以外のものに対する祈りや感謝は、心が豊かであるからこそ、できる所作である。道徳を教える必要がないと中央教育審議会は言っているが、道徳以前の問題だろう。中央教育審議会の委員たちにこそ道徳が必要だ。

土着の信仰様式が、琉球文化なり日本文化を形成する基盤になっており、祖先崇拝、自然崇拝は生きている宇宙への信仰の一形態である。この日本の美風を子供たちに継承することが教育の重要な一環である。

伊勢神宮の森(二)

前回も少し触れたが、アーノルド・トインビー博士が、昭和四十二年秋に伊勢神宮を訪れた際、「この聖地（伊勢神宮）において私は、すべての宗教の根底的統一性を感得する」と述べている。

伊勢市での宿は、ＪＲの駅の裏手にある純日本風の二階建ての旅籠《はたご》である。宿の部屋で何気なく床の間にあった本をめくっていると、「伊勢神宮参り」と題する文章に出会った。坂口安吾の『安吾新日本地理』という文庫本であった。

その中に、私自身が市内を歩いていて疑問に思っていたことが、そのまま記されていて、興味が掻き立てられた。

それは、市内の家々の戸に松飾りが飾られ、そこに「笑門」とか「蘇民将来子孫」というどちらかの言葉が書かれているのである。安吾によると、この松飾りは正月の時につけたものだというのである。

そして、伊勢神宮のお膝元でなぜ、天照大御神の御札を飾らずに、蘇民将来子孫の御札を飾るのか？　というのが率直な疑問であった。

その後、調べてみると、「蘇民将来」というのは数百年も続く全国各地で伝わる厄除けの民間信仰であるという。

旅の途中に宿を乞う武塔神を裕福な巨旦将来は拒否し、貧乏な蘇民将来は受諾し丁重にもてなした。後に再訪した武塔神が、巨旦に報復するが、汝の子孫は弟の家にいるかと聞くので、娘が弟の妻だと答えると、茅の輪を娘の腰に付けさせよと言う。その通りにすると、武塔神は蘇民の娘を除いて巨旦一家を全滅させ、自分は速須佐男神だが、「蘇民将来子孫」と言って茅の輪を腰に付ければ疫病を免れることができようと教えた。速須佐男神は伊勢神宮の祭神、天照大御神の弟神だから、ここで伊勢神宮とつながっている。

厄除け祈願の「茅の輪神事」の由来譚として古くから各地で伝えられている。スサノヲの命《みこと》を祭神に祀り、祇園祭で有名な京都の八坂神社（祇園社）を始め、全国各地の寺社で、茅の輪くぐりや蘇民将来子孫と書いた護符を配るなど、この説話を起源とする祭祀が今も盛んに行なわれる。

日本はまさに神々の国である。

伊勢神宮の森㈢

平成二十五年の第六十二回遷宮に向けて式年遷宮の儀式は、平成十七年に始まった。五月には「慶光院曳き」という行事が行なわれた。慶光院という人は尼僧で、戦国時代は幕府も皇室も衰退して遷宮どころではなくなっていた。それを慶光院が見るに見かねて全国行脚をして資金を集め寄進した人である。その慶光院の功績を忘れないようにと「慶光院曳き」が行なわれている。御木を曳きながら慶光院のお墓の前で全員が黙禱し、また慶光院が住んでいた現在の祭主宿舎の前では、曳いてきた御木の綱をぶつけ合うなどをする、いろいろな行事が執り行なわれている。

数百年の間、二十年ごとに一人の人間の苦労に報いるために続いている行事を思うと、嬉しくなってくる。恩義を忘れずに行事の一環として位置づける、人間は棄《す》てたものではない。伊勢の人たちは偉い！

国のために立派なことをした人たちは、永代にわたって国家が顕彰することは、人間として当然の行為である。靖国神社参拝問題に対して腹の腸《わた》が煮え繰り返るのは、中韓に対して堂々とその主張ができない政府首脳の腰抜け加減である。

ある教授が「式年遷宮は日本人の生命観を表わしている」と表現したが、二十年ごとに新しい新居に神様が移られる。内宮でも外宮でも、いくつかの別宮もともども、隣地に新宮が建立され、古いものは取り壊された後、橋やその他の構造物に生まれ変わるのである。神職の御装束や神宝も新しく作られ、神様に捧げられる。それによって、ものづくりの技が継承されてゆく。古いものは、再利用されてゆく。命が継承、伝承されてゆく。すばらしい文化である。

八年間かけて行なわれる遷宮行事には、五百数十億円がかかるというが、経費の多少で論じられるべきことではなく、万難を排しても継承されるべき、日本の伝統である。まさに、世界に誇る伝統である。是非、この精神を子供たちに伝えて欲しい。

「新しい歴史教科書」でさえも伊勢神宮に関することは「日本武尊（ヤマトタケルノミコト）が東征に出かける時に伊勢神宮を参拝し、天の叢雲の剣を授けられた」という程度の記述しか掲載されていない。歴史教育は見直されなければならない。

遷宮で、両正宮と別宮の造営に必要な檜は一万本ほど、御屋根を葺く萱も二万三〇〇〇束の材料が要る。明治三十七（一九〇四）年、内務大臣の芳川顕正と宮内大臣の田中光顕が、明治天皇に侍従長を通じて意見を申し上げました。それは、「明治四十二年の第五十七回式年遷宮が近づいてきたが、今は御用材もあるが、将来はきっと困難になるであろう。木はとても二十年では育てられないから、今回は古い方法を止めて、土台石を置き、コンクリートで固めたら二〇〇年くらいは保てる建物ができる。そのうちに木は成長して巨大な御用材が得られるであろう」というものである。

侍従長の徳大寺実則は明治天皇にお伝えしたが、「天皇聴し給わず、現在の様式に従うべし」と伝えられたと、「明治天皇紀」にある。さすがに明治天皇陛下であられる。凡人の大臣らとは、御発想の次元が違うのだ。

屹立した日本文明――靖国問題の原点――

●神道と皇室こそ文明の根幹

古代には世界の四大文明というものがあった。西からエジプト文明、チグリス・ユーフラテス文明、インダス文明、そして中華文明がそれぞれに大河流域に発達した。中東からアジアに掛けてばかりある。

現在の主要文明は、中国、日本、インド、イスラム、西欧、東方正教会、ラテンアメリカの七つの文明、あるいは、アフリカ文明を加えた八つの文明圏に分類される。『文明の衝突』の著者、サミュエル・ハンチントンが「文明の衝突と二十一世紀の日本」の中でそう述べている。

この文明の中で日本一国だけが、日本文明を背負っている、孤立した、家族のない文明であり、他の文明は多くの国々が共有する文明である。一国で一つの文明圏を構成しているということは、すごいことである。それに嫉妬した連合国が日本を再起できないように、様々な策謀をめぐらした。最近の韓国や中国の日本への嫌がらせも、多分にその嫉妬心が素因であろう。

小中華も親中華も、「周辺の蛮夷の国の屹立した文明なぞ認めることはできない」のが、彼らの存在基盤であるから、その感情は、むしろ当然とも言える。そこの感情を我々日本人は察してやるのが、大人の対応といえるであろう。こういう視点から北朝鮮を取り巻く情況を分析すると、非常に分かり易い。朝鮮半島と中国との関係は、古代以降変えられない中華文明圏の定めにあるのだ。

同じアジアでも、中国文明やインド文明ともまったく異なる独特の文明を日本は築いてきたのである。では、日本文明の骨格をなすものは何か?

神道と皇室である。日本古来の神話に基づく神道と皇室こそが、日本文明の根幹を支えている。

七世紀半ばに伝来した仏教は皇室の御加護のお陰で、その後も日本独自の発達をしてきて、日本文明の一角を担っている。神道と皇室は中華文明にはない、日本古来のものである。それが中華圏の癪の種なのである。聖徳太子が隋へ送った親書「日入づる国の天子より日没する国の帝へ」以来、歴代中国王朝は、「辺境の蛮夷の国が何を!」と日本に対して敵対意識を持ってきたのは想像に難くない。

だからこそ彼らは、靖国神社を潰したいのである。そう考えると実に明快である。その中韓の手先となっている者たち、すなわち神道と皇室制度を潰そうとする人間が、政府中枢にもいる。日本が国家としての存立基盤であるこの二つを亡きものにしようと画策する人間は、海外の反日勢力と呼応している。

日本を日本たらしめているもの「神道」と「皇室」を潰そうとした連合国の占領政策を踏襲し、近隣国と結託して日本を滅ぼそうとする勢力に厳しく監視の目を怠ってはならない。

第十一章——琉球よろず考

沖縄の県紙といわれる「琉球新報」と「沖縄タイムス」は、反日的な「朝日新聞」同様、政治・教育面では偏向報道が目立つが、芸能面では味のある記事にも出会うことがある。

●美味しいお米の話

芸能の島と言われる石垣島では三期作で、年に三度も実りの秋がくる。稲の刈入れのすんだ、親戚や本土の友人からいただいた新米の香ばしい味に舌づつみを打つ。「米は農家の人たちの汗の結晶だから、一粒も粗末にしてはいけない」と我々の年代は大半が親からそういう教育を受けてきた。

数日前のラジオ放送で、鹿児島県の小学生が作文を朗読していた中で、おばあちゃんに、「米には命が宿っているのだよ」と言われた、というのを聞いて、まだこういう教育が生きているのだ、と嬉しくなったのを思い出した。それが家庭教育である。

「日本人の命」と言われる「米」に関して、「琉球新報」夕刊十月二十五日付け「南風」コラムに味のある文章が掲載されている。真宗寺の住職さんが、明治生まれのおばあさんから聞いた話で、「お米はお百姓さんの八十八の苦労があって初めて私たちの食膳に並ぶ。八十八を漢字で書くと米という字になる、感謝して、一粒残さずいただくのだよ」

小学生の時、秋の稲刈りで、近所のおじさんが稲刈りを終えた田んぼに、数束の稲穂を放り投げているのを見て、おばあさんに聞くと、「人間がお米をすべて収穫してしまうと、来年は不作になると昔から言い伝えられている。ほんの少しでも、野にある生き物に分けてあげ、みんなで秋の収穫を喜べば、来年もまた豊作になるのだよ」と言う。

住職の帰依龍照氏は続ける。今でも本島北部の一部地域で、墓参りの供え物をウサンデー（片付けるの意）しないのは、野の生き物に与えるためだと、先輩から教えられたという。

また、先日の起工式でのこと。正面のガジュマルを指差して「このガジュマルを切った場所に、百円玉置いてきたね？」と九十歳のおばあちゃんが聞く。施主と住職は急いでその場所に、百円玉をお供えしてきた。「人間の都合で、自然にある木や草をもらう時は、いくらかでもお金をお供えするんだよ」と言うおばぱ。

このせちがらい世の中に、沖縄の人の、自然に対する畏敬の念と言おうか、やさしさ、我々は生かされているのだ、という謙虚な気持ちがにじみ出ていて、いい話だ。「沖縄の心」だ。こういう話を子供たちに語り継いでゆくのが、伝統・文化を守るということだろう。

●シーブンの話

十一月十日付け「琉球新報」夕刊の「南風」欄より引用する。

シーブンとは方言で「おまけ」という意味らしい。辻遊郭の芸奴を二人頼んだら、三人やってきた。「予約した通り、お金は二人分きりありません」と言うと、「心配ありません、一人はシーブン（おまけ）です。」という。一人は明らかにカーギシガタ（顔形）からシーブンと分かる。ところが、実際の芸は情のある唄、愛嬌溢れる踊りは、シーブンが一番であったというお話。

また、南城市の東海岸、奥武島に刺身を買いに行って、買ったマグロよりもシーブンでもらった雑魚の方が、よほど美味であったというお話。

●安里屋ユンタといちゃりばちょーでー

沖縄でよく聞かれる「いちゃりばちょーでー」という言葉は、沖縄人の他人を愛する鷹揚な性格を現わすものとして、よく知られている。台湾人が言うには、「一家裡面兄弟」（イージャリミェン、シエンティ）。その意味は一夜、家に泊まって面と向かって話せば、もう兄弟のようなものだ、という意味の中国語があるということである。その中国語が沖縄に伝わり、意味も簡略化され、沖縄方言化されたのであろう。

また、有名な沖縄民謡に安里屋ユンタがある。八重山ではユンタは、読歌、あるいはユイ歌の意味だという。ユイとは共同作業の意味。この安里屋ユンタの囃子言葉の「マタハリヌ、チンダラカニュシャマヨ」はインドネシア語である、というのである。

そこで、インドネシア語の辞書を引きながら、自分流に解釈してみよう。

マタハリは太陽の意味であり、「ヌ」は沖縄方言の「の」の意。チンダとかチンダラという語がなく、「チンタ」という「愛」という意味の語がある。「ラ」はマレー語でも強調する付属語である。さて、「カニュシャマ」にあたる最も近い言葉は、カム（あなたという意）サマ（と同じ、または共に・一緒にという意味）であるから、この囃《はや》子《し》言葉の意味は、「あなたと一緒に、太陽の恵みを一杯にいただけますように」ということになる。

豆腐チャンプルなどの「チャンプル」もマレー語、インドネシア語の「混ぜる」という語が伝わってきたのは周知のことであるが、黒潮に乗って伝播してきた言語や文化の流れというものを考えるのは、楽しいものである。

●サンシンの日

三月四日は語呂合わせでサンシンの日だという。サンシンと言えば、歌三線といって、歌があって三線が後からついてきたと言われる。琉球の歌、音楽には、民謡と古典があり、古典は、琉球王国の首里王朝の宮廷音楽のようなもので、民謡は庶民の地方で歌われていた音楽ということである。

王朝から派遣された年貢取立ての役人が、宮廷音楽を離島などで歌ったりしているうちに、その地方の民謡として歌い継がれてきたものが、かなりあるということで、実際、部分的に古典の音階が民謡の中にあったり、古典と民謡の区別は、難しいようである。

また、地域による区分に、沖縄本島周辺の島々、宮古諸島、八重山諸島に分けられるが、本島には、宮廷音楽としての古典と、民謡があるが、宮古と八重山には、民謡だけである。

沖縄民謡はほとんどが琉歌形式（八八八六）だが、八重山の民謡は、琉歌形式でないものが多いようだ。八重山の歌といえば、ユンタ、ジルバと呼ばれる労働歌や祭りや神行事で歌われるものが代表的である。

岡本太郎氏が『沖縄文化論』の中で書いている。

――八重山では民衆は文字を使うことを許されなかった。生産や納税に欠くことのできない数字さえも、藁を編んだ独特の結い縄文字で計算し、記録した。だからあらゆる物語・伝統は文字ではなく、口から口へ語り伝えられた。それが今でも民衆の間に歌い継がれ、この島の響きになっている。人間の声、言葉に密着して、文字のない文学、つまり「文学」以前の文学、それがここに生き生きしているのだ。

文字にないゆえに、言いたいことが逆に尖鋭になるのか、驚くべき表現がある。虚飾のない、ギリギリの感動を伝えてくる。近世以降の八重山は天災と悪疫にいためつけられたうえ、むごい税の負担にあえいでいた。王府は収奪を確保するために、驚くほど細密な労働規則をもうけ、体刑・鞭で監視した。一方、徹底的な連帯性を強行する。年貢米はもちろん、四十八種の物納の税も村単位で集められ、一人でも納めきれない者があれば、他のものがそれを引っかぶらなければならない。首里の王府までそれを運ぶ船が難破すれば、その分は未納として追徴された――

そういう過酷な人頭税は、明治三十六年まで続く。そんな環境の中から生まれた民衆の声としての八重山民謡が、多くの人を惹《ひ》きつけるのであろう。

比較的新しい民謡として、八重山出身の日出克さんの『ミルクムナリ』がエイサーの定番として子供たちにも人気を集めている。ご存知のとおり、『ミルクムナリ』の「ミルク」は「弥勒」であり、「ムナリ」はインドネシア語の「踊る」という意味のムナリックからきている。弥勒が踊るように、神秘的な力強さが感じられるナンバーである。

●君知るや名酒泡盛――琉球の宝――

最近、泡盛の話の講演会で、沖縄戦の時の話を聞いた。牛島中将率いる第三十二軍司令部が首里から摩文仁に向けて後退することになった時、長勇参謀長が二五〇年ものの古酒を首里城から持ち出させ、退却を始めた。大度海岸まできた時に、明日は自決するからもういらん、と飲んだ後は古酒甕を割ってしまった、という話である。

二五〇年も貯蔵した泡盛は、どんな味がするのだろうか。本島北部に「山原島酒の会」という会があり、この会のモットーが「すべての家庭の床の間にクースーガミ（古酒甕）を」である。

また、山入端ソウイ氏の著書『琉球の宝・古酒』から引用させていただく。

――東京大学名誉教授の醗酵学専門家坂口謹一郎氏の著書『君知るや名酒あわもり』で、泡盛古酒が、最も優れた銘酒であると断定した。泡盛を銘酒に育て上げたのは、琉球王朝であった。琉球王府は、御物奉行の中に酒（泡盛）を専門に扱う役所を設けて、首里城下三箇（赤田、崎山、鳥堀）の住人四十人に「焼酎職」を与え、泡盛造りに専念させた。この地域は盆地になっており湧水が多かったからである。

十七世紀中頃であろう。原料は王府から提供され、泡盛造りは王府の厳しい監視の下に置かれ、不正に対しては厳罰で臨んだと伝えられている。琉球王府はなぜそこまで厳しい姿勢を示したか。それは「泡盛」が交易品や贈答品として、また上納品として貴重な品物であったからである。

中国からの冊封使の接待に、あるいは島津氏や将軍家への献上品として使われた、外交用の酒であった。王府はそれだけに、品質に神経を尖らせていた。江戸や上方で薬用酒として珍重されたという。島津氏の琉球侵攻（一六〇九年）後、琉球王府に江戸上りが義務づけられた。将軍の就任を祝う慶賀使と琉球国王の即位を謝す謝恩使である。一六三四年から十八回の江戸上りがあったが、その献上品の最大の物が泡盛であった――

●すばらしい教育の成果

「琉球新報」六月十三日付け夕刊紙上のコラム「南風」から嬉しい話を引用したい。
――先日、那覇市安里のホテル前で知人と待ち合わせをしていた折、八十歳後半ぐらいのおばあさんを見守るかのように、孫らしい少年がおばあさんの後ろからゆっくりやってきた。当のおばあさんはそのことに気付いていていない。横断歩道を渡り終えたところで二人は左右に別れた。

ほほえましい光景に見とれていた私は、少年に尋ねた。「あなたのおばあさんなの?」。少年は「いいえ、知らない人です」と答えた。「でもおばあさんの後ろから見守って歩いていたでしょう?」と私。少年は「お年よりは危ないですから」「そうだったの、ありがとう」と言う私に、少年は「いいえ、失礼します」と足早に去っていった。見知らぬ私にはきはきと答えてくれた少年は五、六年生ぐらいだろうか。感動のあまり名前を聞くのを忘れたのが悔やまれた。少年の親はすばらしい教育をしているのだなと感心し、快い気持ちでその日を過ごせた――

こういう話を聞くのは楽しい。しかし、逆に言えば、今の世の中、こういうことがまれだからこそ、たまにあると引き立つのではないだろうか。老子の「大道廃れて仁義あり」と同じように、人間が本来養われるべき徳が薄れている昨今の世の中だからこそ、子供たちのちょっとした行為が輝いて見えるのかもしれない。いずれにせよ、そういう子供たちを育てた親御さんの教育方針にエールを送りたい。

●沖縄が危ない！――自らを守る気概――

尖閣諸島の帰属が問題になって久しい。中国が領有権を主張し出したのは、一九六九年に行なわれた国連アジア極東経済委員会（ＥＣＡＦＥ）の海洋資源の調査の結果、この海域に有望な資源があることが分かって以後である。

沖縄の周辺を見回すと、予断を許さない状況になっている。東シナ海の天然ガスや尖閣諸島の領有権を巡っての、日本政府の優柔不断の態度には、愛想をつかしている国民も多いが、北朝鮮の拉致問題に対する傲岸不遜の態度や、中韓の靖国神社参拝、慰安婦問題、歴史教科書問題などに関する執拗なまでの内政干渉は、国際常識から見ても異常である。が、これには隠された意図があることは、当然察しがつくというものである。

日本政府が日本国民を守る意志があるのか、を様々な内政干渉を通じて、政府の、また国民の反応を伺いつつ分析しているはずである。その結果、日本が自国を防衛する意欲さえない、と判断したら、次にはどう出てくるか。

中国は、台湾を武力で抑えたい、尖閣諸島海域一帯の石油資源を自分のものにしたい、と考えるのは、ここ十年の間に、原油の輸入が十倍にも増え続けている中国にとっては、ごく自然な発想である。その欲望を一度に満たせる格好の場として、宮古諸島の下地島空港が狙われるのではないか。三〇〇〇メートル×六〇メートルという南西諸島以南では、嘉手納を除けば、最大の滑走路を有し、民間機の離発着訓練に使用されているだけの空港である。

薩南諸島以南の航空自衛隊レーダーサイトは、沖永良部島、久米島、本島南部の与座岳、そして宮古島の四カ所で、下地島空港が占拠されれば、目と鼻の先の宮古島を制圧するのは容易い。日本最南端のこの航空自衛隊レーダーサイトが壊されたら、この空域での航空作戦が展開できなくなる。

最近の中国の調査船や潜水艦の領海侵犯などの活発な動きは、彼らの意図を裏書するものだ。北朝鮮の南下と連動し、台湾を制圧する機に乗じて中国が攻撃をしてきたら、それに対処できるだけの備えを日本はしているのか。駐留米軍は決して当てにはならない。日本自ら常に非常事態を想定し、備えを怠らぬ努力をせねばならない。

中韓がことさら、日本の軍国主義を引き合いに出すのは、自国の軍備拡張や覇権主義を世界の目からカモフラージュするための策略に過ぎないのである。日本だけを悪者にしておけば、彼らは平和主義者として安泰だからである。日本政府も、国民も中韓のそんな陰険姑息な手に、もういい加減、挑発されないで欲しい。

●歴史は繰り返す――昔のままの地位協定――

幕末に米国のペリー艦隊は、都合四度も琉球に来訪した。

その辺りの記述を読むと、現在の沖縄と同じ状況があったことに判然としないものを覚える。泡盛を飲んで酔ったペリー艦隊の水兵ウィリアム・ボードが琉球の婦人を暴行し、住民に見つかり追われた挙句、三重城付近の海中で溺死した。ペリーは真相の究明と加害者の引き渡しを要求してきた。琉球側は裁判を開き、犯人六人を厳罰に処した、というものである。

以来、一五〇年を経た現在でも、海兵隊員の頻繁な暴行と傍若無人な振舞いと、それに対しては地位協定にはばまれて米軍のやりたい放題になっている沖縄の現状は、当時と酷似している。

時の琉球は薩摩藩の為政下にあったとはいえ、その二十年後には琉球処分で日本の新政府下に組み込まれた時代である。現在の沖縄は、四十数年前に施政権を返還されたとはいえ、現在の対米姿勢は薩摩が大和に取って代わっただけであって、一五〇年前と中身は同じではないかと、当時の琉球人に笑われるのではなかろうか。

●水島上等兵――『ビルマの竪琴より』――

まだ幼い頃、秋風が吹き始める町内の神社の境内で祭りか何かの時に上映会があった。その白黒の画面に映し出される、布を腰に巻いた坊主姿の、水島上等兵が記憶のどこかに残っていたのだ。それを思い出しながら文庫本を読み、子供たちにも読ませたい本だ、と思っていたら、この小説は終戦直後の昭和二十一年に「赤とんぼ」という児童向けの雑誌に童話として連載されていたことを知った。子供ばかりでなく、大人にも読んで欲しい題材である。

著者の竹山道雄氏は優れた評論家であるが、戦後の日本で、人々が日本軍の悪口を言うことにのみ急で、戦没した人々の冥福を祈る気持ちが新聞、雑誌に出ない事態を異常と感じた。そして義務を遂行し、命を落とした人々のせめてもの鎮魂を祈って『ビルマの竪琴』を書き出した、と解説されている。

占領下の日本で、この小説自体も占領軍の検閲に晒され、また、日本国民は、占領下体制の諸政策の批判を封じられた中で、占領軍に迎合して、戦争中の日本軍の悪口のみを公にするしか、言論の自由は許されてはいなかったのか。

独立を勝ち得た後も、それが悲しき哀れな習性と化し、いまだに占領下の精神構造が、マスコミの骨格の大部分になっている。

熱帯雨林の大河のほとりで、また岩山のところどころで玉砕した日本兵の死体が山となって腐乱していくのを眼にした水島上等兵は、ビルマの托鉢僧になって、無名の日本兵の亡骸《なきがら》を弔っていかずに、日本に帰れるものか、と心に誓う。

遺族を先の沖縄戦で亡くした八十四歳のおばあさんが、毎年、遺骨の発掘に沖縄にくる、という新聞記事を見たが、沖縄でさえも、いまだに戦時中の遺骨が埋もれているのだ。とすれば、南太平洋やビルマ、インパールなどのかつての激戦地では、幾多の無名の戦士たちが、弔われるのを待ち望んでいるのではなかろうか。

●アジアに学べ――鞭打ちの刑――

平成十四年四月十二日付け「琉球新報」夕刊に、「外国人の事件相次ぐ」の見出しで、四、五件のいずれも在沖米人による犯行が報道された。

その中で石川市の公衆便所に塗料で落書きした米少年が逮捕されたという記事を読んで、七、八年前のある事件を思い起こした。チュウインガムでさえ禁止されているシンガポールの街中で、路上駐車中の車にペンキで落書きした米国少年が逮捕された。

シンガポールの司法当局は国法に則り、硬い藤蔓（ロタン）による鞭打ちの刑の判決が下された。少年の親からの嘆願もあって、時の米国大統領クリントン氏は、表面的には減刑を請願する形をとったものの、事実上はシンガポールに対して超大国の威を着た圧力をかけてきた。

しかし、当時のシンガポール、リー・クアンユー大統領は、一歩も引かず、誰であろうと犯罪人は我が国の法に従って処罰すると、判決通り鞭打ちの刑を執行した。その小国と言えども、毅然たる態度に対して我々は喝采を送ったものだ。
さて、沖縄の落書き少年に、日本の司法はどう対処したか。国益を曲げてまで隣人に配慮する前に、まず、我が国民感情と日本の国益を配慮して欲しいものだ。

●南洋移民——サラワク王国——

沖縄からの移民といえば南米の国々や米国、カナダが多い。漁業移民の多いポリネシア、ミクロネシアの島々についで、ボルネオ島も沖縄と関わりがある。一説によると、ボルネオは日本民族の起源ともいわれ、それらしき風貌の原住民に会うと、はっとすることがある。昭和七年より沖縄から二十四戸、北海道から四戸、計二十八戸の一五〇名が移住してゴム園の隣接地を開墾し、風土病と闘いながら米作を営んでいた。沖縄からは伊是名村と伊平屋村から二十四家族、一一四名が、満州事変の起きた昭和七（一九三二）年に二回に分けて渡航した。

現在はボルネオ島の南はインドネシア領カリマンタンで、北三分の一がマレーシア領で、その東側はサバ州、西側が現在のサラワク州、当時サラワク王国で英国人の王（ラジャー）ブルック家が三代、一〇〇年間に渡り統治していた頃である。

クチン市内の日本人墓地の碑には、昭和十年代に亡くなった熊本や長崎出身の女性の名が多い。特に天草出身の女性の名前が多く、〝からゆきさん〟と呼ばれた境遇の人が、一時数十人いたようである。日本が中国大陸での利権をめぐってアメリカとの雲行きが怪しくなり、南洋諸島に石油資源を求めて南下を始めた頃である。

王国の首都、クチンから約二十キロ東上したところにあるサマラハンの農園跡地には、中国人が移住民相手に商売をしていたらしい古家が、いまだに残っている。数十メートル上ったところに雨風から守られ、こじんまりした神社らしきものがあり、右手に下ると、昔は朱塗りであったと思われる鳥居が砂利道の脇に立っている。依岡神社と呼ばれていた当時をかすかにうかがわせる。

その主、依岡省三は土佐の人で明治三十二年に大東島を開拓して製糖事業を創始し、十数年後サラワクの白人王の信頼を得て日本の地歩を固め、移住事業に結びつけたが帰朝後、風土病を発し、豪快な偉丈夫と言われた省三も病に勝てず、四十七歳の若さで翌年、永眠した。

●ペナンの泡盛——ウチナンチュの店——

ゴーヤチャンプルのメニューに惹《ひ》かれて店に入った。タイ国境に近いマレーシア領ペナン島、ジョージタウンの居酒屋である。ペナン州は沖縄県とほぼ同じ人口を擁し、観光客が年間三〇〇万というが、その多くが外国人である。沖縄がその前年に観光客五〇〇万を突破したが、日本人観光客が大半であろう。

カウンターに座ると、和服の現地の女性が慎ましく注文を取りにくる。ふと目を上げると、カウンターの一隅に琉球泡盛の半斗甕が置かれてある。それを所望すると、泡盛は飾ってあるだけで売り物ではないという。改めて店内を見渡すと、鹿児島銘柄の芋焼酎の一升瓶が壁一杯に並べられている。氷割りで試してみるとコクのあるいい味わいだ。店内はよく観察すると、現地の人たちが六割、後は在留邦人か私のような日本人旅行者だ。それを見て、嬉しくなった。それだけ、日本の文化が現地に溶け込んでいる証拠だと思うからだ。

広島出身の板前さんの話では、店のママさんは豊見城の出身だと言う。ご主人もウチナンチューで、二年前に一度、沖縄に帰った時に、泡盛の甕を持ってきたという。こういう人々の努力によって、日本の伝統文化が世界中に伝播していく。頼りがいのない外務省や政府に任せるのではなく、我々庶民ができることは決して小さくないだろう。

●フィリピンに学ぼう——政治意識の高い人々——

十数年前、フィリピンのアロヨ大統領の前任のエストラダ大統領が、賭博容疑など不正疑惑を巡り、辞任に追い込まれた。多数の市民と、新大統領に就任した副大統領を始め、主要閣僚が反大統領に転じた結果であるが、フィリピン人の政治意識の高さに喝采を送りたい。

そして思い起こすべきは、一九九一年九月のフィリピン上院による、在比米軍基地撤去に関する法案の審議である。撤去賛成意見の中で、フィリピンの国家主権の確立を高らかに謳い上げた格調高い演説は感動的でさえある。その結果、広大なクラーク、スービック両米軍基地は撤去された。返還式典には太田元沖縄県知事も出席している。

それに先立つ、一九六九年にニクソン大統領宛ての共同声明の中で基地撤去の六つの論点を挙げている。

⑴、基地は米比関係に悪影響を与える致命的な刺激剤になってきた。

⑵、基地はフィリピンの社会的な骨格を弱めている。

⑶、基地は、フィリピンの私兵、不満分子に違法な兵器を流す源泉となっている。

⑷、基地から不法に流出した商品がフィリピンの産業発展を損ない、失業問題を悪化させている。

⑸、売春と暴力が基地周辺に横行している。

⑹、基地はフィリピンに安全保障についての誤った感覚を長い間与えてきた。

以上、六点はそのまま沖縄の米軍基地の問題に置き換えることができる。その中の一つ、特に在日米軍基地の存在が、多くの日本人に対して間違った祖国防衛概念を醸成してきたことは、大きな負の遺産となって我々の肩に重くのしかかっている。果てしない米兵の不祥事に抗議するだけでなく、米軍基地撤去の具体的方策を、自らの努力で国家主権を勝ち取ったフィリピンの人々に学びたい。

ただ、フィリピンの人々にとって誤算だったのは、米軍が引き上げた軍事的空白を狙って軍事的増強を図る中国が侵攻してきたことである。沖縄はこれを他山の石として特に、基地撤去を叫ぶ人々は、米軍基地を撤去したら何が起きるか等々学ぶものが少なくない。

●アジア最後の植民地——屈辱を感じる感性——

「アジア最後の植民地——沖縄」この挑発的な表題は『アメリカ帝国への報復』と題する書物の中の一章の副題である。冷戦時代の幾多の衛星国を従えたソヴィエト帝国に対比してアメリカ帝国という語を著者は使っている。

冷戦が約二十年前に終わったにもかかわらず、米国はいまだに超大国として帝国である。その意味は、幾多の属国を従え、世界中を我が物顔に君臨しているという意味である。もちろん、我が国もその属国の分際にランクされている。著者のチャルマーズ・ジョンソン博士は、現在の米国の日本研究学者の第一人者である。

この書は二〇〇〇年の六月に発行され、第二刷目が翌年の十月、すなわち、米国でのテロ攻撃直後に印刷されたことになる。

この書ですでに著者は、米国への報復を警告していたのである。ブッシュ政権に代わった後は、より傍若無人に振舞うようになったアメリカ。表面では人権、人道的などの言辞を弄してその実、世界中の大半の地域で隠蔽された多くの殺戮《さつりく》に関与してきたこの国は、国民総生産の四分の一が兵器の輸出であることからも明らかなように、戦争を作り出しているのは、まさに米国なのである。

戦後一貫して自民党政権に、米国情報局が資金援助をしてきたことを考えれば、なぜ日本の政治が米国一辺倒なのか理解できる。米軍はなぜ今も沖縄に駐留しているのか？　この書は言う。

その答えは、旧ソ連の軍隊が東ドイツ駐留を楽しんだのと同様に、米軍も沖縄駐留を楽しんでいるのだ。母国では望めないほど素晴らしいものなのだ。いくつかのゴルフコースを始め、すべての娯楽施設が我々の税金で完備されながら、日本の少女たちを弄《もてあそ》ぶ米軍。沖縄を基地にして、ヴェトナムに介入し、カンボジアのポルポトの大虐殺を支援し、インドネシアのスハルト政権樹立に手を貸し、その崩壊にまでも関与し、枚挙に暇がないほど世界中の紛争に手を染めているのがアメリカであるが、一般の国民は政治家の高潔なる演説通りに米国の政治は動いているものと信じている。

沖縄県民がその実態を知れば、沖縄における米軍基地の存在は決して許せることではなく、ましてや外務、法務の二大臣が来沖中に述べた他人事のようなコメントはそのまま、怠慢と書いた熨斗《のし》をつけて首相官邸に突き返すべき代物である。

前述の著者は、日米安保条約をひとまず破棄して、日本を自立させよ。沖縄や韓国の米軍をハワイまで撤退させよ、という論陣を張っている。この著者は決して米国に敵意を抱いているのではなく（その点が反日的日本人と異なるのだが）、自国を愛するあまり、このままでは米国は世界の孤児になるという、愛国者の危機感からの、祖国に対する警告の書であると見るのが妥当であると思う。

一人でも多くの沖縄の人に島の隣人の素顔を知ってもらい、怒りを込めて米軍基地撤去に繋げる力にして欲しい。

誤解を招かぬために付言するが、日本が日本国軍と自主憲法を持った、真の独立国家、日本を前提とした米軍基地撤去であることは、自明の理である。

あとがき

日本書紀第三巻に記載されている「皇都経営の詔」に「八紘一宇」の精神が掲げられています。初代天皇といわれる神武天皇が二千年以上前に建国の理念を謳ったものです。

日本の敗戦後、占領軍はこの言葉を神道と共に日本人の活力の源泉と見做し恐れるあまり、この言葉の使用を禁じ、進歩的文化人の左翼陣営も短絡的に軍国主義と結び付けて忌避してきたのは周知の事実です。

しかし、この「八紘一宇」の真の意味は、世界中が一つの屋根の下に暮らす、という世界平和を目指したものであり、中華思想とは正反対の意味です。

不条理な国際社会に対して妥協して、事なかれ主義外交で平和を模索してきた道に別れを告げ、安倍首相が提案するように、積極的平和外交を展開して、摩擦を恐れず、日本国と日本人の国際的名誉を回復することが求められます。

それこそが真の意味での「八紘一宇」です。

道に迷ったら初心に帰ることが基本です。世界にも日本国内にも問題が山積する今が、常に初心に戻り、建国の精神である「八紘一宇」の言葉を振り返り、その精神を日本のみならず、世界中に広める好機です。

「八紘を一宇と成す志」を持ち続けることです。

正しく、美しいものは、いつまでも古びることなく、新鮮さを保ち続けます。

拙文に対して終始助言とご指導をいただきました、啓蒙作家の三好誠先生、初めての著書となる本書の出版にご尽力いただきました元就出版社の濵正史社長にこの場をお借りして感謝申し上げます。

末筆ながら、共に憂国の志を語り合いながら、再生日本の姿を見る前に本年、逝去された師であり同志であられた吉武進様、末吉初雄様のご冥福をお祈り申し上げると共に、本書を御仏前に謹呈致します。

平成二十六年　秋　　沖縄にて

【著者紹介】

有馬光正（ありま・こうせい）

昭和20年、長野県松本市生まれ。

建設会社勤務後、アフリカ、東南アジア各地で活動。現在、沖縄県で不動産管理業に従事。

戦後史観の誤謬や反日教育を憂い、平成17年より「南島志報」を発信。

八紘一宇が日本を救う

2015年1月15日　第1刷発行

著　者　有馬光正
発行人　濵　正史
発行所　株式会社　元就《げんしゅう》出版社
〒171-0022 東京都豊島区南池袋4-20-9
サンロードビル2F-B
電話　03-3986-7736 FAX 03-3987-2580
振替　00120-3-31078
装　幀　クリエイティブ・コンセプト
印刷所　中央精版印刷株式会社
※乱丁本・落丁本はお取り替えいたします。

ISBN978-4-86106-234-6　C0021